Christoph Georg Paulus

Große Pleiten

Große Pleiten

und die Wege des Insolvenzrechts

von

Christoph Georg Paulus

Vahlen

www.beck.de

ISBN 978 3 406 80974 3

Wilhelmstraße 9, 80801 München
Druck und Bindung: Beltz Grafische Betriebe GmbH
Am Fliegerhorst 8, 99947 Bad Langensalza
Satz: Fotosatz Buck
Zweikirchener Straße 7, 84036 Kumhausen
Umschlaggestaltung: X-Design, Müchen (www.x-designnet.de)

Abbildungsnachweise: Abb. 1, 2, 4, 5, 7, 8 Wikimedia Creative Commons, Abb. 3 Pixabay, Abb. 6 und Abb. 9 Sammlung A.u.D. B., München

Gedruckt auf säurefreiem, alterungsbeständigem Papier
(hergestellt aus chlorfrei gebleichtem Zellstoff)

Inhaltsverzeichnis

Raumschiff Orion: Herstatt

Politik und Pleite: Philipp Holzmann

Der Traum vom ewigen Beweger: FlowTex

Die schiere Unverfrorenheit: Wirecard

Krise ja, Pleite nein:
Eterna

Im rechtlichen Niemandsland:
Staatspleiten in Deutschland und anderswo

Wie geht's weiter?
Pleiten heute und morgen

Einleitung

Ein Buch über Pleiten! Oh je. Es reicht doch, wenn es in den USA entsprechende Bücher gibt; die haben ja sowieso eine ganz andere Einstellung zu Pleiten als der Rest der Welt. Stimmt. Aber warum nicht ein bisschen dazulernen? Genau das denkt sich übrigens auch seit einigen Jahren die Europäische Kommission, indem sie nicht müde wird, auf das Beispiel – oder besser: Vorbild – von Henry Ford zu verweisen, der mit seiner ersten Firmengründung gegen die Wand (also: die insolvenzrechtliche) gefahren ist, bevor er dann – aus den Fehlern klug geworden – zur zweiten Gründung schritt und die bis heute funktionierenden und florierenden Ford-Werke gründete. Der uns allen als wohlwollender Rat bekannte Spruch „aus Schaden wird man klug" hat es hierzulande wie auch in den allermeisten Regionen dieser Welt noch nicht über das Kinder- oder Wohnzimmer hinaus hin zur Einstellung gegenüber Konkursen und Insolvenzen geschafft – und genau daran arbeitet die Europäische Kommission, daran arbeitet aber auch dieses Buch.

Es ist also nicht mit dem Hintergedanken geschrieben, ein wenig Schadenfreude in seriöserem Gewande zu verpacken, um sich dann doch insgeheim an dem Unvermögen der Hauptakteure dieses Buches zu ergötzen. Ganz im Gegenteil: Es will den Blick darauf lenken, dass wir uns durch die Stigmatisierung von Konkurs und Insolvenz hierzulande einen volkswirtschaftlich durchaus kostenintensiven und schwer rechtfertigbaren Luxus leisten. Wir blenden gewonnene Einsichten und Erkenntnisse der Pleitiers komplett aus, statt sie in positive Energie umzuwandeln. Als Legitimation dafür wird durchwegs darauf verwiesen, dass mit den Konkursen und Insolvenzen Missbrauch getrieben wird. Und dass es doch nicht angehe, dass der Pleitier nachher mit seiner „Masche" auch noch triumphiere. Das „Schwarze-Schafe-Argument" also. Einverstanden, die gibt es. Aber es gibt in dem geradezu riesigen Raum des Rechtlichen so gut wie keine einzige Rechtsregel, mit der nicht ebenfalls Missbrauch getrieben werden kann – und getrieben wird. Da kuriert man üblicherweise an diesen Fällen, nicht aber an der Regel. Beim Konkurs- und Insolvenzrecht meint man dagegen, die Regel an den Missbräuchen ausrichten zu müssen. Das hat auch mit dem ewigen Kampf zwischen Schuldnern und Gläubigern zu tun; darüber werden wir anlässlich der Borgward-Pleite ein wenig ausführlicher sprechen.

Vorab sei an dieser Stelle nur schon hervorgehoben, dass wir es bei dieser Stigmatisierung des wirtschaftlichen Scheiterns mit einem allzu oft leichtfertig beiseite geschobenen Phänomen zu tun haben – nämlich der Macht historisch überkommener Vorstellungen. Im Kontext des konkreten Falles des Hermann Tietz OHG-Konkurses werden wir einen Schnelldurchlauf durch ca. vier Jahrtausende Einstellungen gegenüber der Pleite eines Schuldners machen, bei dem praktisch alles Vorstellbare vertreten ist: vom Töten des Schuldners übers Einsperren bis hin zur Wiederaufbauhilfe durch die Gläubiger. Und das alles ist von durchaus nachvollziehbarer ökonomischer Vernünftigkeit begleitet! Naja, fast alles: Das Töten war schon immer Rache. Denn Ausgangspunkt eines jeden Konkurs- oder Insolvenzrechts ist der Umstand, dass der Schuldner nicht mehr genügend flüssige Mittel hat, seine Gläubiger vollständig zu befriedigen. Was versprochen war, wird nicht eingehalten, Vertrauen wird enttäuscht. Das ist der Ausgangspunkt, wie geht man mit ihm um?

Da liegt Rache nicht ganz so fern, mal rein psychologisch betrachtet. Aber das ist natürlich kein haltbarer Zustand, wenn der

Staat insgesamt zum erklärten Ziel hat, die Gewalttätigkeit der Bürger untereinander so weit wie möglich zu eliminieren oder doch zurückzudrängen. An dieser Stelle kommt ein „Lob der Juristerey" zum Tragen, das nicht einmal innerhalb der Zunft weit verbreitet ist, das sich aber in aller Eindringlichkeit als berechtigt erweist, wenn wir im vorletzten Abschnitt dieses Buches über Pleiten reden, für die es bislang gerade keine allseits anerkannten und befolgten Regeln gibt. Staatspleiten haben nämlich nahezu durchgängig zur Folge, dass ein ziemliches Chaos herrscht, weil es in jenem Bereich nicht einmal ein verbindliches Verfahren zur Bewältigung einer derartigen Krise gibt. Der riesige und immer als selbstverständlich vorausgesetzte Wert eines juristischen Verfahrens besteht aber genau darin, dass es den betroffenen Akteuren zeigt, welcher der erste Schritt, welcher der zweite, dritte, usw. ist. Stellen Sie, verehrter Leser, sich zur Verdeutlichung des Gemeinten einfach nur einmal vor, Sie seien Finanzminister oder Staatspräsident des Landes Ruritanien und Sie merken, dass Ruritanien seine anstehenden Schulden nicht begleichen kann!

Wäre Ruritanien eine Aktiengesellschaft, eine offene Handelsgesellschaft oder sonst ein privatrechtlicher Verband, wäre das zwar eine unangenehme, aber doch beherrschbare Situation. Denn es gibt Gesetze, Kommentare, geschulte Juristen und jede Menge sonstiger Hilfsmittel, die detailliert ausbreiten, was jetzt im Einzelnen zu tun ist. Bei einer Staatspleite gibt es das nicht! Als Minister oder Präsident kommen Sie also richtig ins Rödeln, was seit langen, langen Zeiten immer wieder zu beobachten ist – sei es in Argentinien, in Griechenland, auf den Inselstaaten der Südsee oder der Karibik oder wo auch immer. Wie es zu dieser Auflistung von Staaten kommt, werden wir im vorletzten Kapitel ansprechen.

Für den vorliegenden Kontext bleibt es bei der Feststellung, dass das Konkurs- bzw. das Insolvenzrecht ein Verfahren bereitstellt, das in der chaotischen, weil Vertrauen brechenden und Erwartungen zerstörenden Situation der Zahlungsunfähigkeit des Schuldners minutiös regelt, was zu tun ist. Die hauptsächlichen Optionen dessen, was zu tun ist bzw. getan werden kann, sind der Verkauf der schuldnerischen Vermögensgegenstände, soweit sie noch vorhanden sind, um aus dem erzielten Erlös die Gläubiger wenigstens partiell zu befriedigen. Oder aber: dem Schuldner wieder auf die Beine zu helfen, damit er nach einem fresh start seine Gläubiger (endlich, und wenn's denn sein muss: wenigstens partiell) befriedigen kann.

Um den Umfang dieses Büchleins nicht zu sprengen, beschränken sich die hier vorgestellten Pleiten auf Deutschland, und da auch nur auf die letzten knapp 100 Jahre. Insolvenzen wie etwa die von Rembrandt und vieler anderer prominenter Künstler und Literaten oder die Rettung des Theaters an der Wien um die Zeit herum, als Beethoven in eben diesem Haus einen seiner Wohnsitze hatte, bleiben damit ausgeblendet.

Abbildung 1. Warenhaus Tietz, Berlin Leipziger Str. 46–49, erbaut 1899–1900, zerstört 1944.

Die perfide Pleite:

Hermann Tietz

Die Fakten

Das Kaufhaus Hertie gibt es nicht mehr. 1993 wurde es an Karstadt verkauft, das einzelne Filialen noch unter dem Namen Hertie weiterführte, bevor dann deren letzte im August 2009 geschlossen wurde. Damit war eine einstige Ikone der deutschen Warenhäuser vom Markt verschwunden. Der erinnerungsträchtige Name setzt sich zusammen aus den Kürzeln des Vor- und des Nachnamens von Hermann Tietz (Her-Tie), der in der zweiten Hälfte des 19. Jahrhunderts als Geld- und Ideengeber für seinen Neffen Oscar Tietz Glanzpunkte deutscher Kaufhauskultur geschaffen hatte. Davon ist hier deswegen zu berichten, weil das Schicksal dieses Kaufhauses nicht nur mit Rekordmarken verbunden ist, sondern auch mit düstersten Schattenseiten des Konkurs- bzw. Insolvenzrechts. Insbesondere in der unseligen Zeit des Dritten Reichs zeigt sich geradezu exemplarisch das Bedrohungspotential dieses Rechtsinstituts. Da dieses von zeitloser Aktualität ist, soll genau dieser Abschnitt in der Geschichte des Kaufhauses im Vordergrund stehen, auch wenn das damals noch so genannte Konkursverfahren gar nicht erst eröffnet wurde.

Beginnen wir aber mit einem kurzen Abriss der Entwicklung des Kaufhauses. Hermann Tietz wurde 1837 in Birnbaum in der damaligen preußischen Provinz Posen geboren; er war jüdischer Abstammung. Das ist hier deswegen zu erwähnen, weil dieses für eine Pleitengeschichte an sich komplett belanglose Faktum in der nachfolgenden Entwicklung entscheidende Bedeutung erhielt.

Hermann jedenfalls war agil und unternehmungslustig; er ging als junger Mann für zwei Jahrzehnte in die USA. Die dort gewonnenen Einsichten in das Wirtschaftsleben wie zum Beispiel der eminente Wert festgelegter Preise und eines breiten Warenangebots vermittelte er seinem in Deutschland lebenden Neffen Oskar Tietz, dem er überdies 1882 die Gründung eines Einzelhandelsgeschäfts für Textilien in Gera finanzierte. Beide zusammen waren Gesellschafter der dieses Geschäft führenden Hermann Tietz OHG. Der Name wurde auch dann noch beibehalten, als Hermann – noch im gleichen Jahr – wieder aus der Gesellschaft ausschied.

Das Geschäft florierte und expandierte; nach nur vier Jahren wurde ein weiteres Warenhaus in Weimar gegründet, drei Jahre danach folgten Bamberg und München, 1896 Hamburg. Zur Jahrhundertwende wurde dann der Sitz des Unternehmens nach Berlin verlagert, wo in der Leipziger Straße alsbald ein Kaufhaus errichtet wurde, das kurze Zeit später – nicht ohne bewundernden Unterton – Konsumtempel genannt wurde. Weitere Gründungen erfolgten in Berlin, in Hamburg (das spätere, zunächst nur von den Nazis so bezeichnete Alsterhaus am Jungfernstieg; zuvor ging man „zu Tietz") und anderenorts. 1926 kam durch einen Zukauf auch noch das Kaufhaus des Westens (KaDeWe) in den Verbund, so dass das Warenhaus Tietz mehr oder minder im ganzen Reich verbreitet gewesen ist.

Zu dieser Zeit, zu der sich die Firmenpublikation damit schmücken konnte, „größter Warenhauskonzern in Eigenbesitz" zu sein, war ein Zenit erreicht, nach dem die unheilvolle Entwicklung einsetzte. Nach einem Jahresumsatz von 300 Millionen Reichsmark im Jahre 1928 kam es ein Jahr später, im Oktober 1929, zu dem berüchtigten Börsencrash in New York, der die Weltwirtschaftskrise auslöste. Dass diese Kennzeichnung zutreffend ist, zeigte sich daran, dass auch Deutschland in den Katastrophenstrudel hineingerissen wurde, der auf der anderen Seite des Atlantiks begonnen hatte. Es kam überall zu Firmenzusammenbrüchen, zu Bankenschließungen und zur Massenarbeitslosigkeit; letztere stieg binnen 4 Jahren von 1.3 Millionen auf über sechs Millionen.

Auch wenn das alles nicht den Bestand des Warenhauskonzerns in Frage stellte – zumindest nicht anfangs dieser Niedergangsperiode –, war nicht zu verkennen, dass die vorherige Expansion der Hermann Tietz OHG zu weiten Teilen auf Fremdkapital basierte. Das ist ein Phänomen, das im Kontext von Konkurs- und Insolvenzverfahren immer und immer wieder zu beobachten ist. In Zeiten des tatsächlichen oder auch nur eines vermuteten bzw. erhofften Wohlstandes werden Schulden erheblichen Ausmaßes angehäuft, um sich nach dem Motto „big is beautiful" zu vergrößern. Bei einer auch nur kleinen Veränderung der Rahmenbedingungen – etwa der Erhöhung des Zinssatzes, einer Veränderung der Nachfrage oder einer neuen Politik – erweisen sich bisherige Hoffnungen schnell als Kartenhäuser oder –schlösser. Und die haben es bekanntlich so an sich, recht schnell in sich zusammenzufallen. Der Firmengründer Oscar Tietz jedenfalls hatte noch die nachfolgenden, neuen Geschäftsführer, seine Söhne Georg und Martin Tietz sowie seinen Schwiegersohn Hugo Zwillenberg, vor solch einer Schuldenanhäufung gewarnt.

Wie berechtigt seine Sorge war, hat die Hermann Tietz OHG auf einer wirtschaftlichen und persönlichen Ebene erfahren müssen. Denn eine der Folgen der Weltwirtschaftskrise war bekanntlich der rasante Aufstieg der Nazis mit ihrer antisemitischen Ideologie, die eine Arisierung auch und besonders der deutschen Wirtschaft anstrebte – und umsetzte. Der Schuldner der Darlehen war die Hermann Tietz OHG, die als jüdisch galt. Die Gläubiger waren u. a. die Dresdner Bank und die Deutsche Bank; sie wie auch die weiteren am Bankenkonsortium beteiligten Banken waren demgegenüber „arisch". Wenn in Zeiten einer sich anbahnenden bzw. bereits etablierten Nazi-Herrschaft die ohnedies am langen Hebel sitzenden Gläubiger Arier sind, der Schuldner dagegen jüdisch, sind die Machtverhältnisse noch viel weiter zu Gunsten der Gläubiger verschoben.

Auch wenn Hitler selbst offenbar noch Anfang 1933 so etwas wie ein Einverständnis signalisiert haben soll, dass die OHG einen neuen (und dringend benötigten) Kredit erhalten solle, war das wenige Monate später vergessen. Die Banken hatten, wie gleich zu berichten sein wird, Vorsorge getroffen und liefern damit eine mögliche Erklärung für eine Entwicklung, die auf den ersten Blick überraschend ist. Die Konkursstatistik der damaligen Zeit weist nämlich eine Merkwürdigkeit auf: Sie schwankt in den Jahren seit 1925 zwischen jährlichen Zusammenbrüchen von 10.000 und 19.000 (das Jahr 1927 weicht davon ab – aus welchen Gründen auch immer), weist aber für das Jahr 1933 plötzlich nur noch 7.954 Fälle aus, um von da an bis auf 3.740 im Jahre 1938 kontinuierlich abzusinken. Merkwürdig ist das deswegen, weil es offenbar in der Presse ständig Berichte von Konkursen gegeben hatte. Das scheint reichsweit der Fall gewesen zu sein, so dass eine sinkende Konkursstatistik dazu nicht recht passen mag.

Eine mögliche Erklärung für diese Merkwürdigkeit wird sich wohl aus dem Schicksal der Warenhaus Tietz OHG ergeben. Denn deren „Konkurs" lief so ab, dass die gesetzlichen Vorgaben der Konkursordnung gar nicht erst zur Anwendung kamen – ja, nicht einmal eine Rolle spielten und somit auch gar nicht in der Konkursstatistik auftauchten. Es war nämlich alles vorbereitet – und übrigens auch schon recht lang davor sehr explizit angekündigt: In der Münchener Wochenschau vom 11. Juni 1932 etwa wird unter der Überschrift „Was die Nationalsozialisten mit den Juden vorhaben" in aller Ausführlichkeit eine Rede Görings zitiert, in der er sehr deutlich und sehr explizit zur beabsichtigten Behandlung der Juden und des „Judentums" Stellung bezieht – neben vielen weiteren Ungeheuerlichkeiten auch deren Entfernung aus allen leitenden Stellungen in Wirtschaft, Kultur, Bildung, etc.

Zunächst einmal kam es am 1. April 1933 zu den reichsweit erfolgenden Boykottaufrufen, wobei es bekanntlich nicht beim Rufen verblieb, sondern die hinlänglich bekannten Braunhemden Blockadeposten vor den Eingängen jüdischer Geschäfte und eben auch

Warenhäuser aufstellten und Leute aller Couleur Fensterscheiben einschmissen und Schäden in massivem und ungeheuerlichem Umfang anrichteten. Wie gespenstisch das gewesen ist, lässt sich recht gut rekonstruieren. Etwa durch Lektüre von Büchern etwa von Grass über das eindringlich beschriebene „Geschäftsende“ des Verkäufers von Blechtrommeln, s. den übernächsten Abschnitt, oder auch durch überlieferte Augenzeugenberichte. Besonders erschütternd ist der des Journalisten und Schriftstellers Gösta von Uexküll, der über den Boykott des „Warenhauses Hermann Tietz“ berichtet:

> *„Kurz nach der Machtergreifung war ich am Jungfernstieg. Da war Tietz, heute heißt es Alsterhaus. Davor stand ein einziger, man muß sich vorstellen, ein einziger SA-Mann, der hatte einen Karton auf dem Bauch und da stand ‚Kauft nicht bei Juden!‘. Und es war tatsächlich so, daß alle braven Hamburger scheu vorbeischlichen an diesem Mann. Und dieses Warenhaus, das sonst einen Strom von Kunden hatte, war praktisch verwaist. Ich will jetzt nicht sagen, daß ich ein Held war, ich war nur neugierig, wollte mal sehen, wie es drinnen aussah. Ich ging an diesem Mann vorbei, sah innen Reihen von Ständen und wurde fast wie ein Held begrüßt. Ich wollte nur sagen, man konnte unendlich viel tun, ohne daß es direkt gefährlich war.“*

Der Boykott führte natürlich zu gravierenden Umsatzeinbußen. Dadurch war die OHG gewissermaßen „weidwund“ geschlagen, was den, wie beschrieben, ohnedies am längeren Hebel sitzenden Gläubigern durchaus zupass kam.

Die Gläubigerbanken gründeten denn auch im Juli 1933 eine GmbH, die Hertie Kaufhaus-Beteiligungs-Gesellschaft m.b.H. Mit diesem auf den Gründer anspielenden Namen, so die zynisch-geistvolle Überlegung, sollte zum einen Kontinuität wie auch Neuanfang signalisiert werden. Nur eine Woche später legten die Banken der OHG nicht etwa einen Vertragsentwurf vor – darüber hätte man schließlich noch diskutieren, und es hätten Einzelheiten abgewandelt, ergänzt oder modifiziert werden können. Die Banken präsentierten vielmehr auf dem Treffen am 29. Juli den von der Hermann Tietz OHG nur noch zu unterschreibenden Vertrag. Er sah vor, dass die jetzigen Geschäftsführer und Inhaber, die oben bereits genannten Georg und Martin Tietz sowie Hugo Zwillenberg – sie alle waren jüdischer Herkunft – mit sofortiger Wirkung von der Geschäftsleitung zurücktreten und durch den bisherigen Textil-Abteilungsleiter und Arier Georg Karg ersetzt werden. Der leistete einen finanziellen Einsatz, nicht aber die frisch gegründete GmbH, die nichtsdestoweniger die Mehrheit der Stimmanteile erhielt. Karg war seither Geschäftsführer und wurde 1972 von seinem Sohn abgelöst.

Sollte man sich in aller Naivität fragen wollen, warum die Hermann Tietz OHG einen derartigen, den eigenen Interessen diametral entgegengesetzten Vertrag unterschrieben hat, bekommt man die Antwort explizit etwa ein Jahr später geliefert. Da nämlich verlangten die Banken ganz unverblümt, dass sämtliche jüdischen Gesellschafter aus dem Unternehmen auszuscheiden hätten. Das hier wie ein Jahr zuvor auch schon angewendete Druckmittel war die Androhung von Kreditkündigungen, was natürlich den tatsächlichen Konkurs des Unternehmens sofort herbeigeführt hätte. Die Arisierung war damit komplett. Gemessen an dem Verhalten bei entsprechenden Enteignungen wenige Jahre später – genauer: nach den Olympischen Spielen 1936 in Berlin, wegen derer man noch auf die eigene Reputation Rücksicht genommen hatte –, gemessen also daran war der Entschädigungspreis noch ansehnlich, nämlich 7 (in Worten: sieben!) % des Wertes. Freilich durfte bei einem bereits damals höchst ungesicherten Verlassen Deutschlands Geld nicht mitgenommen werden. Familie Tietz, die über Holland nach Palästina floh, war daher mittellos und musste am neuen Wohnort bei null anfangen.

Das Kaufhaus blühte unter dem Geschäftsführer Karg in der Nachkriegszeit erneut auf. Sein Sohn Hans-Georg Karg versuchte ab 1972, an die Erfolge seines Vaters anzuknüpfen und expandierte weiter. Was er offenbar verkannt hatte, war, dass sich der Einkaufsgeschmack der damaligen Zeit vom Kaufhaus abgewandt hatte bzw. dass die Angebote und deren Präsentation keinen Anklang mehr fanden. Der mehr als 10 Jahre währende Abschwung mündete schließlich in den bereits erwähnten Verkauf der Hertie Waren- und Kaufhaus GmbH an die Karstadt AG. Und deren weiterer Werdegang mündete nach weiteren Verkäufen schließlich in einem Insolvenzverfahren der Arcandor AG, das am 1. September 2009 vom Amtsgericht Essen eröffnet wurde.

Hintergründe und Analysen

Die geschilderten Ereignisse lassen sich erst dann in ihrer ganzen Tragweite ermessen, wenn man sich nicht nur ihre rechtlichen und wirtschaftlichen, sondern auch ihre mentalitätsgeschichtlichen Implikationen vor Augen führt. Und selbst dann ist der Fall noch nicht einmal vollständig erfasst, weil die für die betroffenen Mitglieder der Familie Tietz entscheidenden psychologischen Belastungen und Brutalitäten unerwähnt bleiben. Sie spielen aber hier deswegen eine weit über die praktisch mit jedem Insolvenzfall verbundene, hohe Emotionalität hinausreichende, bedrückende Rolle, weil die „Pleite" auf ein zynisch-dreistes Verhalten der Gläubiger und dessen Einbettung in ein öffentliches Meinungsbild zurückzuführen ist. Dieses Meinungsbild hatte den Schuldner aufgrund der Wahlergebnisse im Jahr 1933 zu einem leicht zu zerstörenden Feind mutieren lassen. Die Banken, die noch kurze Zeit zuvor die Familie Tietz hofiert und ihr die Kredite buchstäblich auf dem Tablett nachgetragen hatten, haben sich unter den gewandelten politischen Verhältnissen blitzartig vom Dienstleister zum beflissen den Wünschen und Vorstellungen der neuen Machthaber entsprechenden Befehlshaber verwandelt. Als solcher hat man den vormalig glänzenden Kunden nunmehr nach Kräften gedemütigt, enteignet und entwurzelt.

Auf entsprechende Verhaltensmuster des „Spieß-Umdrehens" werden wir im nachfolgenden Kapitel über den Borgward-Konkurs zurückkommen, wobei dort dann freilich das politische Umfeld ein gänzlich anderes ist. Hier sollen daher allein ein paar wirtschaftliche und rechtliche Hintergründe beleuchtet werden. Sieht man sich die gut 50-jährige Geschichte des Warenhauses vor der Naziherrschaft an, so zeigt sich an ihr geradezu paradigmatisch das Auf und Ab des Wirtschaftens. Das „Auf" geht üblicherweise mit einer Expansion einher. Wenn die Nachfrage steigt, liegt es nahe, dass das Angebot erhöht wird; denn mit gesteigertem Absatz geht gesteigerter Umsatz einher. Wenn damit zugleich der Gewinn steigt, steigt das eigene Vermögen und die Freude über den eigenen wachsenden Wohlstand ist nach nahezu allumfassender Erfahrung ein Wert an sich, dem praktisch jeder Mensch, zumindest aber jeder Wirtschaftsakteur hinterherrennt.

Soweit die intrinsische, an Schlichtheit kaum zu überbietende Logik dieses Mechanismus. Das juristische Instrumentarium zu dessen Unterstützung existiert seit geradezu unvordenklichen Zeiten und gibt damit einen Fingerzeig darauf, dass die hier thematisierten Fragen alles andere als Phänomene der Moderne sind. Für die angestrebte Expansion braucht man üblicherweise Fremdkapital; nur die wenigsten können so etwas aus der „eigenen Tasche" oder etwa der Tasche der eigenen Familienmitglieder bezahlen. Die Wirtschaftswissenschaften lehren uns sogar, dass schuldenbasiertes Wirtschaften vernünftig ist. Ins Juristische übertragen heißt diese Empfehlung, dass man sich Geld leihen solle; mit anderen Worten, der ökonomische Begriff „Fremdkapital" ist, juristisch gesprochen, etwas so Banales wie ein „Darlehen". Wohlgemerkt, es gibt unzählige Varianten des klassischen Darlehensvertrages wie etwa Anleihen, Schuldverschreibungen, Dispositionskredit, Factoring, Beteiligungsdarlehen, etc. bis hin zu den ausgefallensten und attraktivsten Namen. Am Ende des Tages ist jedoch all diesen Formen der Kreditbeschaffung gemeinsam, dass es eine Person gibt – den Gläubiger (Darlehensgeber) –, der einer anderen Person – dem Schuldner (Darlehensnehmer) – am heutigen Tag Geld gibt (sein eigenes oder das von Dritten) und für diese Hingabe über einen gewissen Zeitraum vom Schuldner in regelmäßigen

Abständen Zinsen und später einmal Rückzahlung der Darlehenssumme verlangen kann.

Anhand dieser ganz simplen Darstellung eines allseits bekannten Vertrages lässt sich bereits eine zentrale Grundvoraussetzung jeden Konkurs- bzw. Insolvenzrechts ablesen – nämlich, dass es unterschiedliche Zeitpunkte für einerseits die Ausreichung des Darlehens und andererseits für dessen Rückzahlung gibt. Auf einen ganz einfachen, gleichwohl aber völlig zutreffenden Nenner heruntergebrochen folgt aus dieser Ungleichzeitigkeit, dass genau sie die Schöpferin dieses Rechtsgebietes ist. In einer einzig und allein auf Tauschhandel basierenden Wirtschaft gibt es kein Insolvenzrecht; man braucht es nicht, wenn Käufer und Verkäufer Ware und Kaufpreis Zug um Zug austauschen, wenn jeder Arbeitnehmer morgens seinen Tageslohn erhält oder wenn die Mieterin jeden Abend den Mietzins für diesen Tag bezahlt. Wenn die Leistungen immer und überall Zug-um-Zug ausgetauscht werden, gibt es praktisch kein Insolvenzrisiko. Es ist erst der Zeitablauf, der die zu erbringende Gegenleistung zu einem Risiko werden lässt. Denn in dieser Zeit können sich die Dinge ändern, so dass die heute vielleicht gar nicht vorstellbare und abstrus erscheinende Frage, ob der andere, der Darlehensnehmer, die Rückzahlung wird leisten können, morgen oder übermorgen zu einem brennenden, hoch aktuellen Problem wird.

Diese Zusammenhänge sind aber noch nicht einmal alles an Schlichtheit, was vor dem Hintergrund des Hermann Tietz-Falles – aber auch aller weiteren, nachfolgend geschilderten Pleiten – zu erwähnen ist. Eine weitere Banalität besteht nämlich darin, dass das Verhältnis zwischen einem Darlehensgeber und Darlehensnehmer schon immer ein Feld gewesen ist, auf dem Machtkämpfe ausgetragen werden – zumindest latent (s. noch S. 50 ff.). Im Grunde genommen lässt sich diese Feststellung sogar auf sämtliche Beziehungen zwischen Gläubigern und Schuldner ausdehnen. Doch soll das hier nicht weiter interessieren, weil uns vorliegend nur das Darlehen beschäftigt. Von dem hat der zweite

Präsident der USA, John Adams, die Sache mit dem Machtkampf einmal so in Worte gefasst: „Es gibt zwei Arten, ein fremdes Land zu unterwerfen – mit dem Schwert oder mit Schulden." Wie wahr das nicht nur schon immer war, sondern auch heute noch ist, zeigt sich in gegenwärtigen Zeiten an gewissen Darlehensvergaben etwa von China an diverse Länder wie Sri Lanka, die in politischen Kreisen als Schuldenfallendiplomatie bezeichnet, gelegentlich auch beschimpft wird.

Dasselbe gilt aber auch für Darlehensparteien, wenn sie keine Staaten, sondern Privatpersonen sind oder aber Unternehmen, also etwa juristische Personen. Entscheidend für unseren vorliegenden Kontext ist denn auch an dieser Charakterisierung der Beziehung des Schuldners zu seinem Gläubiger als Schauplatz eines potentiellen Machtkampfs, dass aus dem Helfer ein Zerstörer, aus der Medizin ein Gift werden kann. Denn wenn der Schuldner nicht zurückzahlen kann, was er aufgrund seiner vertraglichen Verpflichtungen zu einem ganz bestimmten Zeitpunkt zurückzahlen muss, kann und darf der Gläubiger nach dem Recht das ihm Geschuldete nicht mehr nur allein einfordern, sondern auch eintreiben. Natürlich nicht im Wege der Selbsthilfe, aber doch mit Hilfe staatlicher Einrichtungen und Institutionen, die unter der Bezeichnung Zwangsvollstreckung und Konkurs bzw. – moderner – Insolvenz allseits bekannt sind.

Bevor wir die Wirkweise insbesondere des Konkurses näher betrachten, empfiehlt es sich, nach dem Funktionsmechanismus des Darlehensvertrages und dem zu allen Zeiten spannungsvollen Verhältnis zwischen Gläubiger und Schuldner noch eine weitere, ganz elementare Grundvoraussetzung für das hier vorgestellte Drama der Familie Hermann Tietz ansprechen – nämlich den Makel des Konkurses. Der hat viel mit dem soeben angesprochenen Machtkampf zwischen Gläubiger und Schuldner zu tun – nicht auf einer individuellen Ebene, sondern institutionell.

Für diese institutionelle Betrachtungsweise ist gerade das Insolvenzrecht ein höchst aufschlussreicher Indikator. In ihm spiegelt sich nämlich sehr präzise und sehr unmittelbar wider, wie sich eine Rechtsgemeinschaft zu diesem Kampf zwischen Gläubiger und Schuldner verhält. So war es über viele Jahrhunderte als völlig legitim angesehen, dass der seine Verbindlichkeiten nicht begleichende Schuldner die Todesstrafe zu erleiden hatte. Aus der Mitte des 5. vorchristlichen Jahrhunderts erfahren wir gar, dass das Gesetz der alten Römer den Gläubigern explizit erlaubt hatte, ihren Schuldner in Stücke zu schneiden (Shakespeare ist in seinem „Kaufmann aus Venedig" gut 2000 Jahre später darauf zurückgekommen). Aus noch älterer Zeit, der des Alten Testaments und der des Codex Hammurabi, erfahren wir andererseits, dass der Schuldner nur für ein paar Jahre in Schuldknechtschaft geriet, um damit seine offenen Forderungen zu begleichen. Das war begrenzt auf fünf oder sieben Jahre. In unserem Rechtskreis hatte sich dagegen eine entsprechende Humanität bis vor wenigen Jahrzehnten nie durchgesetzt. Der Pleitier wurde über die Jahrtausende nahezu durchgängig auf eine Stufe mit Dieben, Räubern und sonstigem Gesindel gestellt und entsprechend behandelt.

Folge dieser negativ konnotierten Dauerberieselung ist eben der Makel des Konkurses, der sich übrigens recht nahtlos als Makel der Insolvenz am Leben, also im Bewusstsein der Menschen, erhalten hat. Und das, wo doch einer der Gründe für die Umbenennung des neuen Gesetzes von 1999 von Konkursordnung in Insolvenzordnung genau der gewesen ist, eben diesen alten Makel mit der neuen Terminologie abzustreifen. Wie schwer jedoch ein solcher Mentalitätsumschwung zu bewirken ist, zeigt sich beispielsweise daran, dass gelegentlich auch heute noch Firmeninhaber Unternehmensberatern mit der Aufkündigung der Geschäftsbeziehung drohen, wenn sie sich dazu erdreisten sollten, auch nur darauf hinzuweisen, dass sich bestimmte betriebliche Probleme mit Hilfe eines Insolvenzverfahrens lösen ließen.

Hintergrund solcher Beraterempfehlungen ist, dass wir Heutigen seit einigen Jahrzehnten eine humanere Herangehensweise an das Schuldner-Gläubiger-Verhältnis wiederentdeckt haben. Dabei gehen wir sogar noch weiter als die genannten levantinischen Gesetze von vor 3000 bis 4000 Jahren, indem wir Mechanismen bereit stellen, mit denen die Gläubiger ihrem Schuldner wieder auf die Beine helfen – man nennt das Restrukturierung oder Sanierung. Das geschieht freilich nicht aus Altruismus oder verdankt sich nicht etwa einem christlichen Einfluss; das hat vielmehr ganz massiv mit Eigeninteresse der Gläubiger zu tun. Darauf werden wir weiter unten, im Zusammenhang mit der Holzmann-Pleite (S. 111 ff.), zurückkommen.

Fasst man diese drei Grundkomponenten des Insolvenzrechts zusammen, beginnt man das Ausmaß des Dramas zu erahnen, dem sich die Familie Tietz mit der Machtübernahme der Nazis ausgesetzt sah. Die Darlehen, die in den Jahren zuvor zur Expansion aufgenommen worden waren, mutierten auf Grund des grundlegend gewandelten politischen, sozialen und mentalen Umfelds zu einer Falle, die die Gläubiger genüsslich haben zuschnappen lassen. Selbst wenn die Laufzeit der Darlehen noch länger gewesen sein sollte, genügte doch der Hinweis darauf, dass es zu keiner Verlängerung kommen würde, und somit der Konkurs zum Menetekel an der Wand wurde. Das Machtverhältnis zwischen den Kaufhausinhabern und den Banken hatte sich umgekehrt, und es reichte allein die Drohung mit der Kreditkündigung bzw. Nicht-Verlängerung, um die „Arisierung“ der OHG durchführen zu können. Oskar Tietz hatte bei seinen Warnungen vor allzu großer Aufnahme von Fremdkapital gewisslich nicht dieses dann tatsächlich eingetretene Grauenszenario vor Augen. Er hatte aber mit großer Gewissheit eine grundlegende Ahnung davon, dass sich die Zukunft niemals so präzise vorhersehen lässt, dass nicht tatsächlich doch Abweichungen auftreten könnten, die das Risiko eines Konkurses heraufbeschwören und wachsen lassen. Aus der Perspektive des Darlehensnehmers, also des Schuldners, scheint (und oftmals ist) dann regelmäßig alles verloren.

Die Bedrohung

Um dieses „alles verloren“ verstehen zu können, ist es hilfreich, sich das Grundschema des Konkurses und seiner Entwicklung vor Augen zu führen. Es geht dabei auf Seiten der Gläubiger um Elementares: nämlich um enttäuschtes Vertrauen. Der Name Kredit macht das bereits deutlich: das Wort kommt aus dem Lateinischen und bedeutet „glauben“; in dem Sinne, wie der „Gläubiger“ eben glaubt, dass er das ihm Geschuldete erhalten wird. Darauf vertraut er. Der Darlehensnehmer verspricht dem Darlehensgeber, dass er das Geld zu einem späteren Zeitpunkt zurückzahlen wird. Das glaubt ihm und darauf vertraut der Darlehensgeber – was ihn natürlich nicht daran hindert, sich für das mit diesem Vertrauen einhergehende Risiko Zinsen versprechen und gegebenenfalls Sicherheiten aushändigen zu lassen. Was aber soll nun geschehen, wenn sich das Risiko verwirklicht, wenn der Schuldner als Darlehensnehmer das ihm gewährte Geld nicht zurückzahlen kann?

Die zuvor schon erwähnte Tötung des Schuldners ist unter dem Strich, wie schon erwähnt, nichts anderes als Rache. Im Laufe der Jahrhunderte oder gar Jahrtausende kam man immer und überall darauf wieder zurück, auch wenn spezifisch juristische Erklärungen für die Todesstrafe geliefert wurden. Eine solche und in dieser Weise gern gebrauchte war die Gleichstellung des Bankrotteurs mit einem Dieb. Das hat niemand in eine so schön klingende Form gebracht wie Honoré (de) Balzac; in dem Roman Eugénie

Grandet ätzt deren Vater gegenüber seiner Tochter in Bezug auf seinen völlig überschuldeten Bruder:

> *„Bankrott machen, Eugénie, ... ist ein Diebstahl, den das Gesetz bedauerlicherweise unter seinen Schutz stellt. Verschiedene Leute haben Guillaume Grandet ihre Waren geliefert, haben auf seinen guten Ruf und seine Anständigkeit vertraut. Und er hat alles genommen und verbraucht und lässt ihnen nur noch ihre Augen zum Weinen. Jeder Straßenräuber ist besser als ein Bankrotteur, weil er dich angreift und du dich zur Wehr setzen kannst, er riskiert seinen Kopf, während der andere ... Wie dem auch sei, Charles ist entehrt.“*

Charles ist der Sohn des Guillaume, also der Neffe des maulenden Vaters von Eugénie.

Wenn der Diebstahl mit Todesstrafe bedroht war – und das kam in der Rechtsgeschichte bemerkenswert häufig und bis in jüngere Zeit hinein vor –, war es dann natürlich konsequent, Gleiches für den Bankrotteur vorzusehen. Aus ziemlich nachvollziehbaren Gründen hat das dazu geführt, dass ganz viele Schuldner entweder geflohen sind oder sich selbst getötet haben. Rache ist also auf die Dauer kontraproduktiv, und übrigens auch keineswegs immer gerechtfertigt. Der Schuldner muss ja nicht immer gleich ein Bösewicht oder auch nur ein schlechter Kaufmann sein, wenn er das Versprochene nicht leistet. Wenn etwa höhere Gewalt im Spiel ist wie beispielsweise Krieg, Pandemie oder Unwetter, und dadurch alles Hab und Gut zerstört wird, kann es jeden treffen, mit seinen Versprechungen ins Hintertreffen zu geraten. Das Virus Covid 19 hat uns Heutigen dafür eine eindringliche und weltweite Lehrstunde erteilt. Wenn es heute die Todesstrafe für Pleitiers gegeben hätte, hätten wir in den Jahren 2020 bis 2022 weite Teile der Bevölkerung verlieren können. Folglich ist es ganz vernünftig, dass sich das Konkursrecht – wie gesagt: mit vielen, vielen Unterbrechungen – trotz des enttäuschten Vertrauens dann doch einmal darauf besonnen hat, statt Rache auszuüben zu retten, was zu retten war.

Das sieht so aus, dass all das, was der Schuldner noch hatte, durch einen besonders Beauftragten zu Geld gemacht (also verkauft) wird, um mit diesem Geld die offenen Forderungen der Gläubiger zu begleichen. Üblicherweise reicht das so erzielte Geld aber nicht aus, um alle Gläubiger zu 100 % zu befriedigen; infolgedessen erhalten sie alle nur einen prozentualen Anteil auf ihre Forderung. Wenn die Versilberung des Vermögens einen Erlös von 10 gebracht hat, die Summe aller Forderungen der Gläubiger gegen den Schuldner aber 100 beträgt, erhalten die Gläubiger unabhängig von der konkreten Forderungshöhe jeweils nur 10 % ausbezahlt. Das nennt man *par condicio creditorum*, also die Gleichbehandlung der Gläubiger. Die Gläubiger werden in einem Konkursverfahren demnach gleichsam in ein Boot gesetzt und erhalten am Ende der Bootsfahrt einen Betrag, der bei allen Gläubigern eine prozentual gleiche Kürzung aufweist. Um in dem verwendeten Bild zu bleiben, stellt die eigentliche Bootsfahrt das Konkurs- bzw. Insolvenzverfahren dar, das deswegen recht kompliziert ist, weil die multidimensional verwobenen und konträren Interessen allesamt in einen fairen – und damit gerechten – Ausgleich gebracht werden müssen.

Durch die schließliche Auszahlung der Quote wird also die Einbuße aus dem vom Schuldner enttäuschten Vertrauen ein wenig reduziert. Das ist nur in den seltensten Fällen wirklich ein Trost. Es stellt sich daher neben weiteren auch diese Frage, was nämlich der Verlust der Gläubiger für die Reputation des Schuldners bedeutet. Auch wenn er nicht getötet wurde, war lange Zeit und immer wieder aufkeimend das Bedürfnis nach Rache doch noch so stark, dass der am Leben belassene Schuldner dann doch in einen Schuldturm gesperrt, in den Kerker verfrachtet oder „einfach nur" sozial geächtet wurde – wie etwa der oben angesprochene Neffe Charles Grandet, oder wie Tony Grünlich, geborene Buddenbrook, nachdem ihr Mann im weit entfernten Hamburg Selbstmord wegen seines Bankrotts gemacht hatte. Das ist eben der oben schon angesprochene Makel des Konkurses bzw. der Insolvenz, der leicht auch noch in eine Sippenhaft umschlagen konnte.

Niemand Geringeres als Kaiser Augustus übrigens hat um die Zeitenwende herum diese rächende Begleiterscheinung durch Einführung eines neuen Verfahrens, die *cessio bonorum*, zu überwinden versucht. Und genau daran knüpfen wir gerade heute wieder an. Wohlgemerkt, von dem Vordenker Augustus spricht heute keiner mehr; aber Europa hat seit einigen Jahren die Vorbildfunktion der US-Amerikaner entdeckt. Wie schon in der Einleitung angesprochen und wie zuvor bereits angedeutet, werden wir darauf im Kontext des Holzmann-Falles zurückkommen. Denn im Fall Hermann Tietz sind wir noch mitten in der Zeit, in der ein Konkurs eine massive Beeinträchtigung der Ehre des Schuldners und der ganzen Familie, den finanziellen Ruin ohne eine zweite Chance zum Neubeginn und damit den Zusammenbruch des Lebenswerks bedeutete. Deswegen hat sich anlässlich des Hinweises der Banken, die Kredite nicht zu verlängern, für die gesamte Familie der Abgrund aufgetan, den ein Konkurs damals geradezu unweigerlich darstellte und der unter der Naziherrschaft in seiner ganzen Bitterkeit und seinem Zynismus ausgelebt wurde.

In Anbetracht des Familienschicksals Tietz sollen noch ein paar Bemerkungen von der übrigens bislang nur sehr unzulänglich erforschten Geschichte des Konkursrechts gerade in der Nazi-Zeit angefügt werden. Man muss hier unterscheiden: Wenn man sich allein die Gesetzgebung bzw. die Debatte um Reformbedarf ansieht, lassen sich die ausgetauschten Argumente und Forderungen im Grunde genommen fast eins zu eins auf die heutige Zeit übertragen. Da geht es um die Notwendigkeit früherer Verfahrenseröffnungen, um besser spezialisierte Richter, um schnellere Verfahrensabläufe, usw. usf. All das sind praktisch immer und überall vorgetragene Petita der Praktiker und Rechtsgelehrten gegenüber dem Gesetzgeber. Das ist die harmlose Seite – gleichsam business as usual.

Die furchtbare Seite ergibt sich angesichts des oben beschriebenen Szenarios, in dem ein einzelner SA-Mann den Zugang zum Hamburger Kaufhaus „versperrte“, bereits aus einer schlichten

Frage: Wie lange mag es gedauert haben, bis das Geschäft das Konkursverfahren anmelden musste, wenn solch ein Braunhemd vor der Eingangstür stand? Beim Kaufhaus Hermann Tietz hätte man vermutlich recht lange dort stehen müssen; wie aber verhielt es sich bei den vielen kleinen Läden etwa in der Spandauer Vorstadt im heutigen Berlin-Mitte? Oder bei dem kleinen Krämerladen in welcher Kleinstadt auch immer? Grosso modo könnte die Sozialkontrolle im letzteren Fall größer gewesen sein als in dem doch etwas anonymeren und damit möglicherweise etwas laxeren Berlin. Man würde bei der Suche nach der Antwort wohl auf die Idee kommen, dass die Konkurszahlen sprunghaft angestiegen sein werden – insbesondere nach Ablauf der Olympischen Spiele 1936 in Berlin, die um der Reputation Deutschlands im Ausland Willen zuvor noch immerhin für eine gewisse „Beißhemmung" gesorgt hatten. In dieser Vermutung wird man bestärkt, wenn man die Zeitungen der damaligen Jahre überfliegt. Da finden sich ständig Hinweise darauf, dass Unmengen von jüdischen Mitbürgern ihre berufliche Grundlage durch Konkurse verloren haben sollen.

Wie schon weiter oben erwähnt, spricht die offizielle Statistik jedoch gegen diese Annahme. Danach gehen nämlich die Zahlen kontinuierlich zurück. Der Grund dafür mag sein, dass in die Statistik vielleicht nur „arische Fälle" aufgenommen wurden. Vielleicht aber denkt der Jurist da auch nur allzu gesetzestreu: Denn möglicherweise hat man es gar nicht erst mit einem doch recht aufwändigen und langwierigen juristischen Verfahren versucht, wenn man auf das Geschäft des jüdischen Mitbürgers scharf war. Dass und – vor allem – wie man an Geschäfte auch ohne Konkursverfahren rankommen konnte, zeigt der beschriebene Fall des Hermann Tietz-Kaufhauses. Und eine bei kleineren Geschäften gewiss nicht ungewöhnliche Methode der nicht-konkurslichen Vernichtung hat in aller Eindringlichkeit Günter Grass in der Blechtrommel geschildert: Er lässt da Oskar in das Geschäft des Spielzeughändlers und Blechtrommeln verkaufenden Sigismund Markus eintreten, weil er alarmiert war von der brennenden

Synagoge. Die Fenster sind zersplittert, nachdem die „Feuerwerker“ zuvor noch „Judensau“ draufgepinselt hatten, einzelne dieser Braunhemden entleeren ihre Därme über den ausgestellten Spielwaren, und dann sieht Oskar seinen Trommelverkäufer:

> *„Hinter seinem Schreibtisch saß der Spielzeughändler. Ärmelschoner trug er wie gewöhnlich über seinem dunkelgrauen Alltagstuch. Kopfschuppen auf den Schultern verrieten seine Haarkrankheit. Einer, der Kasperlepuppen an den Fingern hatte, stieß ihn mit Kasperles Großmutter hölzern an, aber Markus war nicht mehr zu sprechen, nicht mehr zu kränken. Vor ihm auf der Schreibtischplatte stand ein Wasserglas, das auszuleeren ihm ein Durst gerade in jenem Augenblick geboten haben musste, als die splitternd aufschreiende Schaufensterscheibe seines Ladens seinen Gaumen trocken werden ließ.“*

Hinter diesen Schilderungen und düsteren Szenarien zeigt sich übrigens ganz grundsätzlich eine der Gefahrenzonen eines jeden Konkurs- bzw. Insolvenzrechts. Es steht in bedrohlicher Nähe zu Enteignungen welcher Couleur auch immer. Das ist ein weiterer Grund dafür, dass diese Rechtsmaterie ziemlich komplex ist. Denn von dieser Nachbarschaft muss man sich dezidiert fernhalten, worauf wir weiter unten, im Zusammenhang mit der Erörterung grenzüberschreitender Fälle anlässlich der FlowTex-Pleite noch einmal zu sprechen kommen werden. Ein geradezu klassisches Beispiel für eine „Verbrüderung“ der Nachbarschaften hatte der damalige russische Oligarch Mikhail Chodorkowsky erleben müssen. Sein Unternehmen Yukos wurde in ein Insolvenzverfahren reingezogen, nachdem die Steuerfahndung schließlich doch noch nach mehrfach wiederholter Steuerprüfung binnen nur weniger Monate die exorbitante offene Steuerforderung „gefunden“ (zuvor aber offenbar übersehen) hatte. Am Ende jedenfalls landete Chodorkowsky in Sibirien und sein Unternehmen in anderen Händen. Gleichsam aus dem Hut gezauberte Steuerforderungen dienten auch den Nazis (und wohl auch noch vielen anderen Despoten wo auch immer auf der Welt) als Eintrittskarte in ein letzten Endes enteignendes Konkursverfahren.

Nachgeschichte

Über das weitere Leben der Familie von Hermann Tietz in Israel ist wenig bekannt; er selbst liegt begraben im Familiengrab Tietz auf dem jüdischen Friedhof in Berlin-Weissensee. Die Reminiszenz an das einst deutschlandweit gefeierte Lebenswerk des Gründers war mit dem Kürzel Hertie so sehr abstrahiert, dass schon bald

Abbildung 2. Erbbegräbnis der Familie Tietz in Berlin – Weissensee.

der Zusammenhang mit dem Namensträger aus dem Bewusstsein der Bevölkerung schwand. Es kann angesichts dessen kaum als ausgleichende Gerechtigkeit angesehen werden, dass Jahrzehnte später dann doch noch das Konkurs- bzw. das Insolvenzrecht das Kaufhaus ereilten. Da waren tendenziell eigenverschuldete Ursachen am Werk. Wie das in einer freien Marktwirtschaft nun einmal so ist. Es ändern sich Geschmäcker und Gepflogenheiten im Laufe der Zeit; was gestern als Erfolgsgeschichte begann, ist heute vielleicht ein Auslaufmodell: Wir sehen das gegenwärtig an Benzinmotoren. Jeder Unternehmer ist gut beraten, derartige Entwicklungen nicht nur zu registrieren, sondern auch darauf zu reagieren – am besten natürlich sie zu antizipieren.

Darin liegt das Versäumnis im Falle des späteren Kaufhauses Hertie. Die Zeit war über diesen Verkaufsstil hinausgegangen, und es wurden die Konsequenzen daraus zu spät gezogen, die sich dann auch noch als nicht die richtigen erwiesen haben. Freilich darf nicht verschwiegen werden, dass sich eine solche Aussage leicht treffen lässt, wenn das Kind bereits in den Brunnen gefallen ist. Ex ante ist diese Entwicklung natürlich alles andere als klar, weil der Geschmacksverlauf der Kundschaft nun einmal nicht einem gleichmäßigen Hoch-hinaus und anschließendem Tief-hinab folgt, sondern durchaus temporären Schwankungen ausgesetzt sein kann. Das herauszufinden bzw. zu erspüren, ist Bestandteil unternehmerischen Geschicks und Risikos.

Abbildung 3. Borgward Isabella Coupé.

Das technische Genie:

Borgward

Die Fakten

Der Aufstieg dieses Bremer Unternehmens begann nach dem 2. Weltkrieg – genauer: 1950 –, als es die damals gern „Leukoplastbomber“ genannten Autos baute. Dabei handelte es sich um Kleinwägen (kleiner als Volkswagen), die zu geringen Kosten hergestellt und daher preiswert waren, und die überdies noch einen geringen Spritverbrauch hatten. Der Hubraum betrug etwa 300 cm^2; daher die Bezeichnung Lloyd 300. Die Lloyd Motoren Werke gehörten neben den Goliath Werken und dem Borgward Motorenwerk zur Borgwardgruppe, dessen Chef der als genialer Bastler und Tüftler bekannte Carl Friedrich Wilhelm Borgward gewesen war.

Er hatte bereits in den 20er-Jahren mit Dreiradwägen (Blitzkarren, Goliath Rapid), aber auch während der Zeit der Nazi-Herrschaft (Hansa 1700, Borgward 2300) Erfolge gefeiert. Die zu großen Teilen fremdfinanzierte Expansion in den 30er Jahren nährte zwar ebenfalls Befürchtungen bei dem Mit-Geschäftsführer Tecklenborg, löste aber, anders als im Fall der Hermann Tietz OHG, bei dem NSDAP-Mitglied Borgward keine enteignungsgleichen Strategien der Banken aus.

Ein paar Jahre später – immer noch Anfang der 50er Jahre – änderte der Wirtschaftsaufschwung die Nachfrage. Statt eines Kleinwagens sollte es nunmehr das geben, was wir heute als Mittelklassewagen bezeichnen würden. Borgward erkannte diesen Trend und hielt kräftig mit. Ab 1954 baute er in dieser Kategorie diverse Modelle, etwa Hansa oder Arabella; insbesondere aber brachte er die legendäre Borgward Isabella auf den Markt, die einen reißenden Absatz fand. In ihrer TS-Variante hatte dieser Wagen damals sensationelle 75 PS anzubieten. Im Motorsport feierte der Borgward Hansa 1500 (Typ Inka) gleich reihenweise Rekorde; bis Ende der 50er Jahre stand Borgward in direkter Konkurrenz zu Ferrari und Jaguar!

In der Sparte der Oberklasse (P 100) sah es demgegenüber nicht so gut aus; da gab es Probleme mit der Akzeptanz des Designs. Doch auch bei vielen weiteren Modellen der Mittelklasse kam es wiederholt zu Problemen in der Einführungsphase, etwa bei den Bremsen, bei Abdichtungen und den Vorderachsen oder beim (von Borgward selbst entwickelten) Automatikgetriebe. Das veranlasste die Presse (insbesondere den Spiegel, aber auch Bild und die Tagesschau) ab Ende 1960 zu kritischen Berichten insbesondere zur Beratungsresistenz und dem „Novitätenkomplex" des intensiv an der Produktion beteiligten Firmenchefs Carl Friedrich Wilhelm Borgward. Es hieß, er verzettele sich allzu sehr, statt eine einheitliche Strategie zu fahren. Dazu gehört in organisatorischer Hinsicht, dass die Borwardgruppe nicht nur unter diesem Namen Autos auf den Markt brachte, sondern auch unter dem der Tochtergesellschaften Goliath-Werk und Lloyd Motorenwerke. Modern gesprochen, fehlte es an einer einheitlichen Marketingstrategie und der Schaffung bzw. Nutzung von Synergieeffekten.

Schlechte Presse ist bekanntlich nicht gut fürs Image und damit für den Absatz. Auch wenn die (unzähligen) Fans von Borgward hinter der schlechten Presse eine Vernichtungskampagne der Konkurrenz witterten: Es folgte den Gesetzen des modernen Marktgeschehens, dass die von der Bremer Landesbank ausgereichten, durchaus beträchtlichen Kredite unter solchen Umständen einer zunehmenden Kritik ausgesetzt waren. Als dann auch noch der Absatz auf dem von Borgward beschrittenen US-amerikanischen Markt einbrach und Borgward dazu nötigte, zur Abwendung des drohenden Konkurses im Winter 1960/1961 einen weiteren Millionenkredit bei dieser Bank zu beantragen, legte sich der

Bremer Senat als der avisierte Bürge des Kredits quer und verweigerte die Abgabe der Sicherheit. Dazu, so erklärte der Senat, sei er nur bereit, wenn Borgward die Unternehmensgruppe dem Land Bremen übereigne. Nach einer langen Verhandlung stimmte Borgward zu, um den Konkurs zu vermeiden. Das allerdings war letzten Endes vergebens, denn etwa sechs Monate später traf genau dieses Schicksal alle drei Gesellschaften. Auf dem letzten vom Bremer Band laufenden Wagen stand geschrieben: „Du warst zu gut für diese Welt". Für die damalige Bundesrepublik wirkte dieser Untergang fast schon wie ein Fanal; führte er doch jedermann eindringlich vor Augen, dass das stetige Wachstum des „Wirtschaftswunders" alles andere als ein Naturgesetz war.

In den Monaten davor hatte der Bremer Senat als neuer Eigentümer jedoch noch eine Rettung der Unternehmen versucht. Als Sanierer war allerdings derjenige auserkoren, Dr. Johannes Semler, der knapp davor eine vergleichbare Aufgabe bei einem vergleichbaren Pleitekandidaten durchgeführt hatte – bei BMW. Was ihm dort allerdings gelungen war, nämlich einen neuen Investor zu finden (Herbert Quandt), der Semler zum Aufsichtsratsvorsitzenden erhob, konnte er bei dem Konkurrenzunternehmen im Norden nicht wiederholen. Die Sanierungsbemühungen scheiterten. Nach nur wenigen Monaten beendete Semler seine Tätigkeit in Bremen.

Im Zuge der Konkursverfahren wurden einzelne Sparten nach Mexiko verkauft, wo noch einige Jahre lang der „Große Borgward" gebaut wurde. Bremen hatte jedoch durch die Konkurse ca. 20.000 Arbeitsplätze verloren. Was Verschwörungstheorien der Borgwardfans allerdings zusätzlich befeuerte, war der Umstand, dass in den Konkursverfahren nicht nur die Ansprüche sämtlicher Gläubiger vollständig befriedigt wurden, sondern am Ende gar noch ein Überschuss von 4,5 Millionen D-Mark vorhanden war. Ist Borgward unter diesen Umständen überhaupt zahlungsunfähig und damit bankrott gewesen?

Wie legendär die Marke „Borgward" ist, zeigt sich daran, dass der Enkel des genialen Bastlers und Tüftlers, Christian Borgward, auf dem Genfer Autosalon 2015 verkündete, dass er die Markenrechte nach China verkauft habe. Seitdem wurden wieder Borgwards (BX5, BX7, Isabella Concept) gebaut, doch das erwies sich nur als ein kurzes Intermezzo; heute finden sich im Netz nur noch Erinnerungen und Berichte von ergebnislosen Suchen. Und im Jahr 2022 soll das Insolvenzverfahren über das Mutterhaus in China eröffnet worden sein.

Hintergründe und Analysen

Die Borgwardpleite steht für einen Typus von Firmenzusammenbrüchen, der im Wirtschaftsleben (bis hin zur Gastronomie und Sterneköchen) weit verbreitet, selten allerdings dermaßen populär ist. Da gibt es regelmäßig diesen hoch begabten, mit bestimmten Fähigkeiten ausgestatteten Einen mit der großen Idee, mit der Vision; denjenigen, der begeistert und mitreißt; denjenigen, der blühende Resultate heute schon deutlich vor Augen hat, und der überdies auch noch das Zeug dazu hat, diese zu verwirklichen; kurzum: denjenigen, der zu begeistern und insbesondere die zu faszinieren vermag, die nicht mit solch visionärer Kraft begnadet sind. Das ist die positive Seite. Die negative ist die, dass immer und immer wieder dieser Eine auf seinem Bildschirm einen blinden Fleck hat. Dass nämlich der Weg hin zu dem visionären Ziel steinig und vor allem mit vielen kaufmännischen, bürokratischen und juristischen Hürden gepflastert ist. Wie das Amen in der Kirche wiederholt sich bei diesem insolvenzrechtlichen Falltypus ein ums andere Mal, dass diese strahlende Leitfigur genau diese Hürden – wenn sie sie überhaupt wahrnimmt – bestenfalls als unbedeutende, lästige und von der eigentlichen Sache unnötig ablenkende Begleitumstände ansieht, die ausgeblendet oder zumindest vernachlässigt werden können oder gar müssen. Erstaunlicherweise kann solch eine Vogel-Strauß-Taktik durchaus gut gehen – es gibt Fälle von hoch erfolgreichen, Riesenumsätze einfahrenden Unternehmen, deren Geschäftsbücher „Oma" (ernsthaft!) abends in der Küche führt. Das allerdings ist die Ausnahme; im Regelfall führt diese Haltung über kurz oder lang in die Krise bzw. in den Konkurs oder die Insolvenz. Davon wissen insbesondere viele, viele start-ups ein leidvolles Lied zu singen.

Und genauso verhielt es sich wohl auch im Falle des Herrn Borgward. Auch für diesen Menschentypus kann es aber nun einmal keine juristischen Sonderregeln in Sachen Buchhaltung, Steuerpflichtigkeit, Arbeitnehmerschutz, Bilanzierung, usw. geben. Und genau das führt immer wieder zum Scheitern „dieses Einen". Herr Borgward war möglicherweise im Bereich der Ingenieurskunst ein Genie; ein Kaufmann war er aber allem Anschein nach ganz und gar nicht. Und auch insofern steht er paradigmatisch für ein bestimmtes Verhaltensschema: Normalerweise würde man ja meinen, dass man sich bei fehlendem eigenen kaufmännischen Verständnis dieses dann eben notgedrungen ins Haus holt; man nimmt sich halt einen Kompagnon, der für das schnöde Kaufmännische und Juristische zuständig ist, und hat sich dafür den Freiraum geschaffen, sich selbst der Realisierung der eigenen Vision widmen zu können. Und doch ... genau an dieser Einsicht in die Notwendigkeit der Kompensation des eigenen Defizits hapert es immer und immer wieder.

Dieses Ausblenden der Multidimensionalität erfolgreichen Wirtschaftens zeigte sich bei Borgward bereits in den späteren 50er Jahren, also in der Phase des Wirtschaftsaufschwungs nach dem Krieg. Die von ihm geschaffene Produktpalette war gerade bei den Marken Goliath und Lloyd von einer Breite, die auf dem deutschen Automarkt ihresgleichen suchte, die aber in keiner Weise mit der Nachfrage korrelierte. Das ist wieder so ein kapitaler Fehler. Nicht nur, dass Borgward kein Gespür für Einsparungsnotwendigkeiten und die Schaffung von Synergieeffekten hatte, er baute auch noch drauflos, ohne sich um den Bedarf – ökonomisch gesprochen: die Nachfrage – zu kümmern. Bei Carl Friedrich Wilhelm Borgward kam bei all dieser Tunnelblickweise noch dasjenige Problem hinzu, was insbesondere Familienunternehmen auch heute noch immer und immer wieder vor riesige, oftmals desaströse Herausforderungen stellt: eine geradezu durchgängige Beratungsresistenz und Beratungsaversion des Chefs. Er lässt sich nichts sagen und weiß im Zweifel ohnedies alles besser.

Aber auch damit immer noch nicht genug: Es gilt heute als eines der eindringlichsten Alarmzeichen für eine kritische Entwicklung, wenn ein wichtiger Kunde die Marke verlässt. In jedem Frühwarnsystem, das seit 2021 hierzulande sogar gesetzlich vorgeschrieben ist, blinken in einem solchen Fall alle Lampen tiefrot auf. Ende der 50er Jahre traf die Bundeswehr die Entscheidung, sich ihre Fahrzeuge nur noch bei Daimler-Benz und Klöckner-Humboldt-Deutz zu bestellen und nicht mehr auch noch bei Borgward. Einen Kunden dieser Größenordnung zu verlieren, müsste bei rationalem ökonomischem Kalkül zu einem massiven Umstrukturieren führen. Nicht so bei Borgward, der überdies in dem wirtschaftspolitischen Jahrhundertereignis der Gründung der Europäischen Wirtschaftsgemeinschaft (EWG) keinen Anlass sah, in den anderen, benachbarten fünf Mitgliedsländern die Aktivitäten zu verstärken – und das, wo der Absatz in den USA und im sonstigen Ausland recht kontinuierlich zurückging. Das war auch eine Folge des sträflicherweise zu weitmaschigen Vertriebsnetzes, in dessen Ausbau die Konkurrenten dagegen ihrerseits viel Energie und Geld investiert hatten.

An spätestens diesem Punkt gilt es für jeden Unternehmer, die 1-Million-Quizfrage zu beantworten: Wie schafft er das, was heute neudeutsch als Turnaround bezeichnet wird – auf altdeutsch: wie er es bewerkstelligen kann, das Ruder herumzureißen? Grob gesprochen, sind die Alternativen: neues Geld dazuschießen, oder die Produktion an die Kundenwünsche und die wirtschaftlichen Gegebenheiten und Zwänge anpassen. Borgward entschied sich für die erste Alternative, was allerdings in seinem Fall mangels eigenen Kapitals die Aufnahme von Fremdkapital bedeutete, also Darlehen von Banken. Wie bereits oben im Kontext mit dem Schicksal des Hermann Tietz-Kaufhauses thematisiert, führt das freilich zu verstärkten Abhängigkeiten und zu einer Verschiebung der Machtverhältnisse. Denn je mehr Fremdkapital benötigt wird, desto mehr wächst das Risiko und muss damit korrespondierend größere Überzeugungsarbeit geleistet werden, um die Geldgeber zur Herausgabe von Geld zu bewegen.

Im Falle Borgwards waren die Dinge sogar noch eine Stufe verwickelter. Denn da war die „Brautschau" nach weiteren Geldgebern bereits so verfahren, dass der Patriarch bzw. seine Unternehmen nur dann auf Erfolg hoffen konnten, wenn sie mit der Anfrage gleichzeitig einen solventen Bürgen vorweisen konnten. Das sollte die Stadt Bremen sein, die ihrerseits ein massives Interesse an dem Fortbestand des Unternehmens hatte; schließlich war Borgward der größte Arbeitgeber in dieser Kommune. Doch wegen der zwischenzeitlich, zu Anfang der 60er Jahre, gewachsenen öffentlichen Aufmerksamkeit konnte auch Bremen nicht mehr allein aus sozialpolitischen Gründen die Bürgschaft übernehmen. Das wäre nur gegangen, wenn ein schlüssiges Sanierungskonzept vorgelegen hätte. Gegen ein solches aber versperrte sich der „Patriarch", Herr Borgward, weil mit all diesen Vorschlägen unweigerlich eine Einschränkung seiner Macht und seiner Kontrolle über das Unternehmen bzw. den gesamten Konzern einhergegangen wäre. Das war eine für ihn offenbar völlig unerträgliche Aussicht.

Deswegen kam es dann auch zu dem oben schon angesprochenen Bruch: Der bislang noch wohlmeinende Bürgermeister Bremens sah sich nach mehrfachen, vergeblichen Anläufen dazu gezwungen, Herrn Borgward dann eben doch vor die Alternative zu stellen: Konkurs oder Übereignung an die Stadt Bremen. Nach einem 13-stündigen Verhandlungsmarathon willigte der Firmenchef ein, weil die Drohkulisse des Konkurses offenbar noch abschreckender war als der komplette Kontrollverlust. Dass es im weiteren Verlauf der nachfolgenden Monate der neuen Eigentümerin, der Stadt Bremen, dann nicht gelang, das Ruder doch noch herumzureißen, ist nicht so sehr ein Beleg dafür, dass die öffentliche Hand nur ganz selten (wenn je) der bessere Unternehmer ist, als vielmehr für eine weitere Binsenwahrheit, dass Überlebenschancen für ein Unternehmen in dem Maße zu schwinden pflegen, in dem die Versuche zu einer aktiven Rettung oder Krisenanpassung hinausgezögert werden. Ökonomie und Rechtserfahrung lehren, dass die Verlustquote mit zunehmender Annäherung an das endgültige Aus geradezu exponentiell wächst.

Dass es trotz dieses Zusammenhangs zwischen Verzögerung von Verfahrenseinleitung und Vermögenseinbuße gelegentlich mal zu dem für die Gläubiger hoch erfreulichen Resultat kommt, dass ihre Forderungen zu 100% befriedigt werden, ist keineswegs zwingend und kategorisch ein Gegenargument. Wenn wie im Fall Borgwards (oder auch sehr viel später etwa der deutschen Lehman-Bank) am Ende gar ein Überschuss herauskommt, ist das nicht zwingend und schon gar nicht in jedem Fall ein zum Schadensersatz verpflichtender Verstoß gegen Sorgfalts- oder Schutzpflichten, sondern eher ein Beleg für die Gründlichkeit der von dem Konkurs- bzw. Insolvenzverwalter verrichteten Arbeit. Im Zusammenhang mit dem Bericht über Wirecard werden wir darauf zu sprechen kommen, dass es gleich mehrere Mechanismen gibt, durch die der Verwalter das zu Beginn des Verfahrens vorgefundene Vermögen nicht unerheblich vergrößern kann. Das ist freilich regelmäßig nicht ex ante prognostizierbar, so dass es folglich immer mal wieder zu einer Fehleinschätzung der wirklichen Vermögenslage kommen kann. Wenn dann noch der Schuldner – wie sehr, sehr oft im wirklichen Leben – keinen wirklichen Überblick über sein Haben und Schulden hat, ist die Annahme einer Zahlungsunfähigkeit oder Überschuldung des Schuldners selten wirklich fernliegend.

Das ewige Machtspiel zwischen Gläubiger und Schuldner

Es hatte sich ja bereits im Falle des Hermann Tietz-Kaufhauses angedeutet, und es findet in dem vorliegenden Schicksal des Borgward-Unternehmens eine weitere Bestätigung, dass die Beziehung zwischen Schuldner und Gläubiger zwar ein alltägliches Phänomen ist, aber zu jeder Zeit von massiven Spannungen bedroht sein kann. Es kam oben (S. 27) schon einmal zur Sprache, dass der zweite US-amerikanische Präsident gesagt hatte, eine von zwei Möglichkeiten, ein fremdes Land zu unterwerfen, bestehe darin, das mit Hilfe von Schulden zu tun. Deutlicher lässt sich kaum zum Ausdruck bringen, dass aus einem Heilsbringer ein Vernichter, dass aus Medizin Gift werden kann. Aber es sind keineswegs immer nur die Gläubiger, die in diesem „Beziehungstango" der „bad boy" sind; auch Schuldner können diese Rolle übernehmen und tun es oft. Diese Erkenntnis, dass es keineswegs eine einseitige Rollenverteilung gibt, sollte dazu ermutigen, die nachfolgenden, überblicksartigen Darstellungen weniger aus der Perspektive moralischer Empörung über unseliges Gläubigerverhalten heraus zu lesen, als vielmehr aus analytischem Interesse an der menschlichen Psyche schlechthin.

Die soeben anempfohlene Ausblendung moralischer Kategorien fällt übrigens gerade im Deutschen nicht ganz einfach. Denn da sind bemerkenswerterweise zusätzliche Kräfte im Spiel, die nur schwer zu steuern sind, weil sie üblicherweise subkutan wirken.

Die Rede ist von der Sprache mitsamt den von ihr mittransportierten Konnotationen. So wie beispielsweise bei der Verwendung von Begriffen wie „Heimat", „Hunger" oder „Fussball" schlagartig und unweigerlich das gesamte entsprechende Erinnerungsareal des jeweiligen Lesers bzw. Hörers abgerufen wird, schwingt eben auch bei den Begriffen „Schuld" oder „schulden" alles mit, was an Negativem und Vorwerfbarem in diesen Wörtern liegt. Wenn also der juristisch gemeinte Terminus „Schuld" verwendet wird, kommen unweigerlich auch die ganz tief im Unterbewusstsein des Deutschen steckenden Anklänge an eine moralische Schuld zum Schwingen. Im Englischen dagegen kommt es bei der Verwendung des Begriffes „obligation" zu keinerlei Assoziation mit dem Wort „guilt"; ähnlich ist es im Italienischen mit „obbligazione" und „colpa", im Französischen mit „dette" und „faute", im Spanischen mit „adeuda" und „culpa", usw. Diese sprachliche Vermengung zweier unterschiedlicher Inhalte mag mit ein Grund dafür sein, warum sich einmal ein ausländischer Ministerpräsident darüber beklagt hat, dass es sofort moralisch werde, wenn man mit Deutschen über Schulden reden würde.

Der Ursprung der Spannungen zwischen Gläubiger und Schuldner resultiert daraus, dass der eine etwas vom anderen haben will. Das ist wieder einmal eine an Schlichtheit kaum zu überbietende Erkenntnis, doch stellt es eine große Errungenschaft des Rechts dar, dass dieses Haben-Wollen nicht mittels Gewaltanwendung, sondern in geordneten Bahnen umgesetzt wird. Auch hier gilt freilich, dass Spannungen dann wesentlich seltener auftreten, wenn man in einer reinen Tauschgesellschaft leben würde; denn dann würde mit dem Haben-Wollen zwingend ein gleichzeitiges Geben-Müssen einhergehen. In einer arbeitsteiligen Welt kommt man allerdings um Einseitigkeiten nicht herum, so dass es immer jemanden gibt, der gemäß den rechtlichen Vorgaben das Geschuldete seinem Gläubiger zurückerstatten muss, weil er früher einmal etwas von diesem erhalten hat. Und mit der Pflicht des Schuldners korrespondiert ein Forderungsrecht des Gläubigers.

Wie komplex dieser schlichte Befund in der Wirklichkeit sein kann, erkennt man recht gut an so etwas Alltäglichem wie einem Kaufvertrag. Über buchstäblich Jahrtausende wurde der so abgeschlossen, dass Käufer und Verkäufer die Ware gegen den Preis austauschten; das war ein sogenanntes Zug-um-Zug-Geschäft und wird auch heute noch im Laden um die Ecke vielfach so praktiziert. Der Nachteil eines solchen unmittelbaren Austausches liegt für den Verkäufer teurerer Gegenstände darin, dass nun einmal nicht ein jeder so viel Bargeld mit sich rumträgt, dass er diese Gegenstände jetzt gleich kaufen könnte; ob er das morgen tun wird, ist aber vielleicht ungewiss. Also lag es im Interesse der Verkäufer, dass aus dem unmittelbaren Austauschgeschäft ein Kreditgeschäft (und damit auf der Zeitachse gestreckt) wurde. Das geschah in Gestalt etwa des Verkaufs unter Eigentumsvorbehalt oder auch mit Hilfe der Kreditkarte. Im ersteren Fall erhält der Käufer das Nutzungsrecht an dem gekauften Gegenstand – also den Besitz –, während der Verkäufer das Eigentum bis zur endgültigen und vollständigen Zahlung des Preises behält und sich damit im Falle des Konkurses bzw. der Insolvenz des Käufers den Gegenstand zurückholen kann. Im zweiten Fall wird so „bezahlt", dass ein liquider Dritter – üblicherweise eine Bank – den Kaufpreis später entrichtet und dafür vom Käufer noch später Ersatz erhält. In jedem Fall besteht die Besonderheit darin, dass der Käufer den Gegenstand selbst – juristisch gesprochen: den Besitz – sofort erhält, während der Kaufpreis erst später und vielleicht eben auch nur in Raten bezahlt wird.

Wir sind also wieder bei dem Zeitfaktor angelangt, von dem wir oben bereits gesehen haben, dass er der Ausgangspunkt eines jeden Insolvenzrechts ist. Da sich nämlich die Dinge im Verlauf der Zeit ändern können, liegt in jedem Kredit für den Gläubiger ein Wagnis bzw. Risiko. Wie kann er sicher sein, dass der Schuldner die geschuldete Leistung auch wirklich in einem Jahr erbringen wird? Schließlich kann der Schuldner, selbst wenn er heute einer der Reichsten im Ort ist, morgen oder gar in einem

Jahr vermögenslos sein; das kommt keineswegs selten vor, und wir werden einem solchen Fall weiter unten im Kapitel über FlowTex begegnen. Es kann aber auch so sein, dass der Schuldner zwar weiterhin in der Lage ist zu leisten, dazu aber keine Lust hat. Das ist aus der Perspektive des Verkäufers ein wenig das Eigentor der gerade zuvor erwähnten Strategie, aus einem jetzt und in diesem Moment stattfindenden Austauschgeschäft „Kauf" ein zeitlich gestrecktes Geschäft zu machen. Denn der Haben-Wollen-Wunsch des Käufers ist ja bereits erfüllt worden. Und jetzt ist er mit dem Haben-Wollen-Wunsch seines Gläubigers konfrontiert, dem er nach dem Recht entsprechen muss, freilich ohne jetzt zugleich etwas dafür zu erhalten. Da kommen viele Schuldner auf die Idee, ihre Leistung mit allen möglichen Tricks zu verhindern oder doch zumindest zu verzögern. Viele Bauunternehmen etwa sind über diese recht weit verbreitete Strategie bereits ihrerseits in die Pleite geraten.

Aber natürlich beteiligen sich auch die Gläubiger aktiv an diesen Spannungen – oder besser gesagt: an dem Machtspiel. Sie haben dabei sogar institutionell die besseren Karten: Denn sie dürfen eben nach Maßgabe des Rechts vom Schuldner etwas verlangen und können ihn damit unter Druck setzen. Denn im ärgsten Fall können sie das Geschuldete mit staatlicher Gewalt einfordern – sei es durch Zwangsvollstreckung, sei es durch ein Insolvenzverfahren. Wenn die Situation dann aber auch noch so ist, dass ihr Schuldner bereits etwas schuldet, aber weiterhin auf Unterstützung angewiesen ist – wenn also Haben-Wollen nicht nur in der Vergangenheit lag, sondern auch noch weiterhin besteht, wenn also, im klassischen Fall der Eingangskredit verlängert oder um einen weiteren Kredit aufgestockt werden muss –, dann kann diese Position ausgenutzt werden. Das kann in ökonomisch sinnvoller Weise so aussehen, dass der völlig beratungsresistente und geradewegs auf den Konkurs zusteuernde Vorstand seine Rechte aufgeben muss; das haben wir so im Fall Borgward geschehen. Es kann aber auch perfide erfolgen, indem so etwas wie die Nazi-Ideologie als Begründung für die Enteignung herhalten muss; das hatten wir beim Hermann Tietz-Kaufhaus gesehen.

Was hier nur in ganz groben Umrissen über den Machtkampf zwischen Gläubigern und Schuldnern geschildert ist, ist übrigens vor ein paar wenigen Jahrzehnten um eine weitere Wendung der sich immer weiter drehenden Spirale erweitert worden. Unter dem ziemlich martialischen Begriff der „weaponization of financial instruments" ist die Machtposition des Gläubigers einem recht raffinierten, von hohem juristischen Verstand sowie starker Gewinnsucht zeugenden Optimierungstuning unterzogen werden. Diese „Aufrüstung von Finanzverträgen" wird aus naheliegenden Gründen nirgendwo als solche öffentlich deklariert. Aber als Stichwort geistert es im Verborgenen herum. Dabei geht es um solche Dinge wie beispielsweise „loan-to-own" oder „credit-default-swap", denen gemeinsam ist, dass der Gläubiger davon profitiert, wenn sein Schuldner pleite geht. Im ersteren Fall kauft man sich zunächst auf dem sogenannten Sekundärmarkt für notleidende Kredite (non-performing loans = NPLs) verbilligt Forderungen gegen die attraktive, aber mit Zahlungsschwierigkeiten kämpfende Zielgesellschaft auf. Ist man dann deren Großgläubiger, bringt man eben diese Gesellschaft dazu, den Gläubiger in Gestalt eines Tauschs der Forderungen gegen Eigentumsanteile (debt-equity-swap) in die Gesellschaft zu holen oder gar zum neuen Eigentümer zu machen. Der erwirbt also auf diese Weise letzten Endes ein Unternehmen, ohne die mühseligen Hürden des Übernahmerechts meistern zu müssen. Im zweiten Fall, beim sogenannten CDS, kauft man eine Art Versicherung von bestimmten Finanzinstituten für den eigenen Forderungsausfall, falls der Schuldner wegen Zahlungsausfalls in die Pleite gehen sollte. Je nach Versicherungshöhe wird eben diese Pleite dann zu einer attraktiven Option.

Es gibt manche Leute vom (insolvenzrechtlichen) Fach, die sich darüber beklagen, dass dieses Rechtsgebiet dermaßen expansiv ist, dass man ständig mit Neuerungen und dann auch Gesetzesänderungen zu tun habe, ohne dass man sich mal auf dem Überkommenen ausruhen könne. So verständlich solch ein Jammern aus einer gewissen Behäbigkeitsperspektive auch sein mag, so sehr verkennt es gerade die Dynamik dieses Wettkampfs zwischen Schuldnern und Gläubigern. Ein gar nicht einmal allzu fernliegendes Vergleichsszenario ergibt sich aus einem Fußballspiel bei der Weltmeisterschaft 1954 und der von 2022. Auch wenn das deutsche Team im letzteren Fall nicht gerade geglänzt hatte – es lagen aber Welten zwischen den Spielweisen. Und das schlicht und ergreifend deswegen, weil die Entwicklung des Siegen-Wollens nicht stehen geblieben ist.

Die Funktion des Konkurs- bzw. Insolvenzrechts, Teil 1 (Liquidation)

Das Beispiel Borgwards eignet sich überdies geradezu exemplarisch dazu, sich Gedanken über Sinn und Zweck des Konkurs- bzw. Insolvenzrechts zu machen. Dabei soll es im vorliegenden Kontext erst einmal um die Frage gehen, wofür gerade die Liquidation, also die Zerschlagung bzw. Versilberung des schuldnerischen Vermögens, gut ist. In dem Kapitel über Holzmann werden wir uns mit der weiteren Frage beschäftigen, worin der eigentliche Zweck und Wert der Sanierungsalternative liegt. Und im Falle Eternas kommt noch eine weitere Fragestellung hinzu.

Herr Borgward hat offenbar wunderbare Autos produziert, allerdings ohne sich dabei groß um die Vorstellungen und Wünsche seiner Kunden in Bezug auf Qualität, Design und Status zu scheren. Das heute so hoch gehaltene Credo *know your customer* war sein Ding nicht gewesen. Wie schon angedeutet, hatte er sich damit keineswegs ein Alleinstellungsmerkmal erworben. Dieses Produzieren am Markt bzw. an der Nachfrage vorbei ist vielmehr ein schon immer und wohl auch für alle Zukunft bestehendes Phänomen. Und damit stellt sich für eine Volkswirtschaft die ebenso elementare wie allgemeine Frage, wie man mit derartigen Firmen umgeht. Deren Problem besteht eben darin, dass sie Dinge produzieren, die keiner haben will. Damit werden Ressourcen vergeudet, die an sich in einer Marktwirtschaft besser, effizienter und passender an anderer Stelle eingesetzt werden sollten.

Wenn es nach der Vorstellung eines Herrn Borgward und all seiner gleich getakteten Unternehmergenossen ginge, wäre die richtige Antwort auf die Frage, dass immer weiter Geld in das Unternehmen reingepumpt werden sollte – egal, ob sich dadurch die Lagerstätten für die nicht abgenommenen Produkte immer weiter vergrößern. Damit werden jedoch Unternehmen geschaffen, die man als „Zombies" bezeichnet, weil sie weder richtig sterben noch richtig leben. Ein bisschen technischer ausgedrückt, heißt das, dass sie drei Jahre in Folge nicht dazu in der Lage sind, mit ihrem operativen Ergebnis die laufenden Zinsverpflichtungen abzudecken. Für das Funktionieren einer Marktwirtschaft, die auf Umsatz und damit auf steten und maximalen Austausch von Waren, Gütern und Dienstleistungen sowie ständigen Innovationen ausgerichtet ist, sind Zombies ein massiver Störfaktor; fast schon so etwas wie eine Arterienverstopfung. Sie bewahren zwar Arbeitsplätze, aber fördern die Gesamtwirtschaft nicht mehr. In jüngster Zeit haben sich diese Ungeheuer allerdings weltweit drastisch vermehrt – in den gut zwölf letzten Jahren allein verdreifacht.

Nun könnte man meinen, dass die Unternehmer die künftige Entwicklung regelmäßig im Blick haben. Und dass sie einkalkulieren, welche Änderungen auf der Kundenseite eintreten könnten und wie darauf auf der eigenen Seite zu reagieren ist. Und tatsächlich ist genau das in ganz vielen Fällen Standard der Betriebsführung, aber eben nicht in allen. Darin manifestiert sich freilich nicht immer die notorische Vogel-Strauß-Taktik; eine Defensivhaltung kann schließlich auch den Umständen bzw. der Schwierigkeit geschuldet sein, die Zukunft vorherzusehen. Wenn etwa ein Zulieferer aus der Autoindustrie heute merkt, dass es mit dem herkömmlichen Verbrennungsmotor keine auskömmliche Zukunft mehr geben dürfte, worauf genau soll umgestellt werden, wenn das eigene Produkt nur für diesen Motorentyp benötigt wird? Und das ist nur ein Beispiel von unzähligen weiteren.

Die Rechtsordnung sieht dieses Problem und bietet gestaffelte Reaktionsmuster an. Den Ausgangspunkt bildet dabei folgende schlichte Grundregel: Sofern der Unternehmer genügend Liquidität bzw. versilberbares Vermögen hat, um alle seine Gläubiger vollständig zu befriedigen, sobald die jeweiligen Forderungen fällig werden, kann er am Markt im Rahmen der weit gefassten rechtlichen Vorgaben so handeln, dass es ihm den besten Profit oder Vorteil einbringt. Eigennütziges Handeln ist in einem derartigen Stadium also völlig okay. Wenn hier der Unternehmer merkt, dass es mit dem eigenen Produkt so nicht mehr weitergehen kann, dass es keine Alternativen für das Unternehmen gibt und dass die Zeit für eigene Veränderungen reif ist, kann er alle seine Gläubiger befriedigen, alle Verträge beenden, das Unternehmen schließen und somit die Gefahr eines neuen Zombies im Keime bändigen.

Wer jenen Punkt jedoch überschreitet, wer also so lange weiterarbeitet, dass die eigenen Mittel nicht mehr ausreichen, um die Gläubiger vollständig zu befriedigen, setzt damit eben diese Gläubiger einem erhöhten Verlustrisiko aus. Einige fassen das sogar noch schärfer und sagen, dass der Unternehmer ab diesem Punkt mit dem Geld seiner Gläubiger zu wirtschaften beginnt. Genau das ist denn auch der Grund, weswegen das Gesetz anordnet, dass in diesem Moment, an dem gleichsam der Rubikon überschritten wird, ein Insolvenzverfahren beantragt werden muss. Dann ist mit dem Streben nach dem eigenen Profit und Vorteil Schluss, und anstelle dessen muss das, was noch vorhanden ist, in einem kontrollierten, rechtlich geordneten Verfahren zu Geld gemacht (versilbert) und anteilig unter den Gläubigern verteilt werden. Dahinter steckt die Gerechtigkeitsvorstellung, dass dann, wenn der Vermögenstopf eines Schuldners nicht mehr ausreicht, alle seine Gläubiger vollständig zu befriedigen, alle seine Gläubiger prozentual die gleichen Einbußen hinzunehmen haben.

Weil sich dieses Konzept nun einmal wesentlich leichter theoretisch beschreiben als in der Praxis umsetzen lässt, geschieht es im wirklichen Leben recht häufig, dass Unternehmen am Markt agieren, obgleich sie eigentlich einen solchen Antrag stellen müssten. Das kann man ertragen, wenn der Zustand der Zahlungsunfähigkeit bzw. der Überschuldung – beides sind die offiziellen Eröffnungsgründe für Unternehmensinsolvenzverfahren – alsbald überwunden und damit das Verlustrisiko der Gläubiger beseitigt wird. Wenn sich die Entwicklung in die Pleite jedoch nicht umkehren lässt, dann zeigt das Beispiel Borgward ganz besonders anschaulich und eindringlich, dass mit jedem Zuwarten der Verlust für die Gläubiger immer größer wird bzw. größer zu werden droht. Deswegen ist es das Anliegen des Insolvenzrechts, den Schuldner – aber auch die Gläubiger – dazu zu motivieren, das Verfahren so früh wie möglich einzuleiten. Auf diese Weise soll der Schaden so gering wie möglich gehalten werden. Freilich ist eine derartige Motivation kein leichtes Unterfangen in einem gesellschaftlichen Umfeld, in dem der Konkurs bzw. die Insolvenz ein Stigma darstellt. Über diesen Makel haben wir bereits im Zusammenhang mit der Hermann Tietz OHG gesprochen, und wir werden über die Anreize zur frühen Antragstellung weiter unten, beim Fall Holzmann, zu sprechen kommen.

Um jetzt aber auf das eigentliche Anliegen dieses Abschnitts zurückzukommen, zur Frage also, welchen Zweck das Liquidationsverfahren des Konkurs- bzw. Insolvenzrechts verfolgt, können wir nunmehr konstatieren, dass es genau eine solche Zombifizierung von Unternehmen verhindern will. Es sollen diejenigen Produktionsmittel, die nicht mehr hinreichend produktiv sind, schnellstmöglich ihrer optimalen Produktivität zugeführt werden. Wie berechtig und wie notwendig dieser Transformationsprozess – und damit das Konkurs- bzw. Insolvenzrecht – ist, zeigte sich in aller wünschenswerten Deutlichkeit im letzten Jahrzehnt des letzten Jahrhunderts. Da braute sich Mitte der 90er-Jahre im Fernen Osten etwas zusammen, was später als Ostasienkrise bezeichnet wurde. Die sogenannten Tigerstaaten Thailand, Indonesien, Südkorea, später dann auch Singapur, Malaysia und die Philippinen gerieten im Gefolge einer enormen Wachstumsphase, die sie vom Status eines Entwicklungslandes in den von Industrienationen katapultiert hatte, in massive wirtschaftliche Schwierigkeiten. Während China und Taiwan von diesen Katastrophenszenarien in der Nachbarschaft nahezu unbehelligt blieben, traf es schließlich auch Japan und damit die damals zweitgrößte Wirtschaftsmacht der Welt. Von dort ging die unselige Entwicklung sogar noch weiter in Richtung Russland, und dann auch noch nach Brasilien.

In allen diesen Ländern hatte es auf Grund des rapiden Wachstums eine Kreditblase gegeben, die zu eben einer Zombifizierung der jeweiligen Ökonomien geführt hatte. Da überdies die dortigen Konkursgesetze nicht nur hoffnungslos veraltet waren, sondern auch noch kaum bis gar nicht angewendet wurden, hatten sich überproportional viele Unternehmen ein Nischenleben eingerichtet, in dem sie zum Gemeinwohl so gut wie nichts beitrugen, für den eigenen Fortbestand aber gerade hinreichend aktiv waren. So kam es über einen G 7-Gipfel dazu, dass sich zum einen zunächst der Internationale Währungsfonds, später dann die Weltbank um eine Modernisierung der bestehenden Insolvenzgesetze bemühten, und dass zum anderen der in der Folge dieses Gipfels neu geschaffene Financial Stability Board die Existenz eines modernen und effektiven Insolvenzgesetzes als einen von zwölf key standards einer gesunden Volkswirtschaft bezeichnet.

Kurzum, das Konkurs- bzw. Insolvenzrecht dient mit seiner Liquidationsvariante dazu, den Markt zu bereinigen. Weil Insolvenzen nun einmal zu schmerzhaften Einbußen für alle Betroffene führen, ist es nicht wirklich verwunderlich, dass die Reputation dieses Rechtsgebietes nicht die beste ist. Und das, obgleich sein Bestreben ist, unter anderem zu verhindern, dass sich Einzelne in diesem allgemeinen Verlustszenario Sondervorteile gegenüber anderen verschaffen. Das erfordert einen großen Balanceakt und macht dieses Rechtsgebiet in der Detailanwendung recht kompliziert. Dass das Insolvenzrecht in einer funktionierenden und sich weiterentwickelnden Nationalökonomie überdies auch noch unabdingbar ist, um die dazu erforderlichen Transformationsprozesse vorzunehmen, werden wir im letzten Kapitel über die Pleiten heute und morgen noch einmal ansprechen. Auch wenn das von den Borgward-Werken verbliebene Vermögen Stück für Stück verkauft worden sein sollte, hat jedes dieser Stücke dann doch ein Weiterleben in neuem Umfeld erfahren. Das gilt umso mehr, wenn vielleicht ganze Betriebsteile oder gar Betriebe en bloc verkauft worden sein sollten.

Arbeitnehmer und Insolvenz

Wenn es also um einen Verlustausgleich geht, dann zeigt das Beispiel Borgward besonders eindringlich, dass es beim Konkurs- bzw. Insolvenzrecht nicht allein darum geht, das monetäre Verhältnis zwischen einem Schuldner und seinen Gläubigern zu klären. Ein solches debtor-creditor-bargain-Modell hat die letzten Jahre über viel Bewegung in die Grundlagen des Insolvenzrechts gebracht. Entworfen in den USA, massiv inspiriert von ökonomischen Erwägungen und auf weltweite Resonanz stoßend hat dieses Modell eminent wichtige Impulse zur Effizienzsteigerung dieses Rechtsgebietes gesetzt. Es erweist sich aber als zu eng, wenn man die oben mitgeteilten Erwägungen der Stadt Bremen mitbedenkt. Für diese Kommune ging es um den Verlust des größten Arbeitgebers innerhalb ihrer Mauern. Auch wenn die Arbeitnehmer ihrerseits rechtstechnisch Gläubiger ihres Arbeit gebenden Schuldners sind, geht es bei ihnen um mehr als nur um ein „bargain" – es steht so etwas wie die Lebensgrundlage auf dem Spiel. Auch diese dramatische Seite des Geschehens muss das Konkurs- bzw. Insolvenzrecht zumindest in der Weise berücksichtigen, dass es sich nicht zynischerweise darauf beschränkt, die allgemeine Verlustquote zuzuteilen.

Diese Sonderbehandlung kann auf verschiedene Weisen geschehen. Ganz rigoros etwa ist das europäische Parlament und mit ihm die Kommission in Brüssel. Im Rahmen des Entwurfs einer 2019 in Kraft getretenen Richtlinie, die für sämtliche Mitgliedstaaten recht detailliert ein Verfahren zur Vermeidung eines Insolvenzverfahrens – und zugleich zur Minderung der Schuldenlast – vorschreibt, hat das Parlament schon recht früh sein Einverständnis davon abhängig gemacht, dass Forderungen von Arbeitnehmern komplett ausgenommen sein müssten. Dementsprechend findet sich denn auch in dem späterhin erlassenen deutschen Umsetzungsgesetz die explizite Aussage, dass mehr oder minder die Forderungen sämtlicher Gläubiger zum Gegenstand der Verhandlungen über Milderungen der Schuldenlast gemacht werden dürften, nicht aber die der Arbeitnehmer.

Weitere Schutzmechanismen für die Arbeitnehmer haben ebenfalls ihren Ausgangspunkt in Brüssel genommen. Da ist zum einen das Insolvenzausfallgeld, das den Nettolohn für die drei Monate garantiert, die der Eröffnung eines Insolvenzverfahrens vorausgehen. Normalerweise stellen unbeglichene Rechnungen von Gläubigern genau die Realisierung des Insolvenzrisikos dar. Das ist zweifelsfrei in jedem Einzelfall bitter, ist aber unweigerlicher Bestandteil des allgemeinen Geschäftslebens wie auch des sonstigen Allgemeinrisikos. Statistisch gesehen, bekommt der Gläubiger irgendetwas zwischen 3 und 5 Euro auf die an sich geschuldeten 100 Euro Darlehen. Genau vor diesem Risiko sollten aber gerade die Arbeitnehmer geschützt werden. Der deutsche Gesetzgeber hat das so umgesetzt, dass er im Sozialgesetzbuch III die Auszahlung von drei Nettolöhnen unmittelbar vor Insolvenzeröffnung sicherstellt. Es kommt nicht einmal selten vor, dass sich Arbeitnehmer zur Einschränkung ihres Lohnes bereit erklären, um ihren Arbeitgeber zu retten. Durch das Insolvenzausfallgeld wird ihnen ein solcher Verzicht erträglicher gemacht.

Ein anderer Schutz der Arbeitnehmer findet sich im Bürgerlichen Gesetzbuch (BGB). § 613a (Betriebsübergang) ordnet eine Durchbrechung der allgemeinen Regeln des Vertragsrechts an. Diese Regel lautet, dass man eine vertragliche Beziehung immer nur mit seinem Vertragspartner hat, nicht also auch mit dessen Geschwistern bzw. Schwesterunternehmen oder sonstigen Dritten. Daraus ergibt sich für einen Arbeitnehmer eine missliche Lage, wenn sein Vertragspartner, das Unternehmen XYZ GmbH, den Betriebsteil an einen Dritten verkaufen will, in dem dieser Arbeitnehmer arbeitet. Weil er mit dem Dritten keinen Vertrag geschlossen hat, hat er offenbar dann auch keine Arbeit mehr – es sei denn, dass der Dritte dem Übergang des Arbeitsverhältnisses zustimmt. Weil aber diese Zustimmung ungewiss ist, ordnet § 613a BGB an, dass das Arbeitsverhältnis auch ohne Zustimmung des Dritten auf ihn übergeht.

Das ist mehr oder weniger die Regelung. Was aber soll nun in einem Konkurs- bzw. Insolvenzverfahren geschehen? Wir hatten schon gesehen, dass die Liquidation im Rahmen eines solchen Verfahrens letzten Endes nichts anderes ist als der Verkauf des schuldnerischen Vermögens. Wenn jetzt also der Insolvenzverwalter den Betrieb oder das Unternehmen versilbert (d. h.: verkauft), gilt dann § 613a BGB zum Schutz der Arbeitnehmer? Um diese Frage hat es lange Zeit viel Streit zwischen den Arbeitsrechtlern und den Insolvenzrechtlern gegeben. Während die ersteren sagten: Verkauf ist Verkauf, sagten die letzteren, das ist ein Verkauf, um das Vermögen für die Gläubiger zu Geld zu machen – also nicht ein Verkauf um des Verkaufes Willen, sondern um die Gläubiger zu befriedigen und damit die Haftung des Schuldners zu realisieren. Die Arbeitsrechtler haben in diesem Streit die Oberhand behalten, auch wenn es in den technischen Details zu einer Reihe von Kompromissen gekommen ist. Im Ergebnis jedenfalls werden die Arbeitnehmer also auch im Konkurs- bzw. Insolvenzverfahren durch § 613a BGB geschützt.

Das verdient deswegen noch einmal gesondert hervorgehoben zu werden, weil diese Vorschrift im Rahmen der Wiedervereinigung Deutschlands eine gewisse Rolle spielte. In den 90er-Jahren nämlich wurde die Anwendung der Norm im Rahmen von Konkursverfahren explizit aufgehoben – und zwar begrenzt auf das Beitrittsgebiet. Hintergrund dessen waren die übermäßig hohen Belegschaften in den Betrieben der ehemaligen DDR, die allein viele Erwerbsinteressenten davon abschreckte, diese Betriebe zu übernehmen.

Und schließlich findet sich auch in der Insolvenzordnung selbst ein ganzer Abschnitt von Vorschriften, der auf die besondere Situation der Arbeitnehmer Rücksicht zu nehmen versucht. Da ist etwa die Vorschrift, die festlegt, dass ein Arbeitnehmer nicht einfach sofort gefeuert werden kann, wenn das Insolvenzverfahren über den Betrieb seines Arbeitgebers eröffnet worden ist. Stattdessen ist nur eine Kündigung möglich, die ihm immerhin noch eine Frist von drei Monaten belässt. Zu Zeiten der Konkursordnung (also vor 1999) war das allerdings noch anders. Da konnte einem Arbeitnehmer nur nach Maßgabe der vertraglich vereinbarten Fristen gekündigt werden. Die waren ziemlich häufig deutlich länger als drei Monate, manche Arbeitnehmer gar waren unkündbar. An diesem Beispiel, bei dem die Position der Arbeitnehmer verschlechtert worden ist – nämlich von vertraglicher Kündigungsfrist runter auf gesetzlich begrenzte drei Monate – zeigt sich besonders eindringlich, dass viele gesetzliche Regeln das Ergebnis sorgfältiger Abwägungen sind, die sich um einen Ausgleich der Interessen bemühen: Natürlich ist der hohe Arbeitnehmerschutz für jeden einzelnen Arbeitnehmer wunderbar; wenn er aber dazu führt, dass im Insolvenzfall das Unternehmen insgesamt liquidiert wird und dabei sämtliche Arbeitsplätze vernichtet werden, statt dass das Unternehmen mit einer reduzierten Anzahl von Arbeitnehmern weitergeführt wird, wirkt sich der Arbeitnehmerschutz des deutschen Rechts für die Gesamtheit der Arbeitnehmer plötzlich wie ein Eigentor im Fußball aus.

Während also die dreimonatige Kündigungsfrist gegenüber dem früheren Rechtszustand zweifellos eine Verschlechterung darstellt, sollte dabei nicht übersehen werden, dass sie immer noch eine Besserstellung gegenüber vergleichbaren Verträgen beinhaltet. Wenn nämlich ein Vertrag in dem Moment, in dem das Verfahren eröffnet wird, von beiden Parteien noch nicht komplett und endgültig erfüllt worden ist, kann der Insolvenzverwalter sagen, dass dieser Vertrag nicht weiter fortgeführt wird. Auch wenn der Arbeitsvertrag gewissermaßen der Prototyp eine solchen Vertrages ist, muss aus den sozialpolitischen Gründen der Arbeitgeber den Arbeitnehmer doch noch weiter entlohnen für die weiterhin zu leistende Arbeit. Ähnliches gilt übrigens für den Mietvertrag über die Wohnung. Weil aber auch das ein Vertrag ist, der die Lebensgrundlage eines Mieters betrifft, gibt es in einem wie im anderen Fall Sonderregeln gegenüber der allgemeinen Handhabung solcher gegenseitigen Verträge.

Und schließlich gibt es zum Schutz der Arbeitnehmer noch eine ganze Reihe von weiteren Vorschriften, die insbesondere die kollektiv-arbeitsrechtlichen Standards so weit wie in einem Insolvenzverfahren möglich aufrechtzuerhalten versuchen. Da geht es etwa um Betriebsänderungen, um den Interessenausgleich beim Kündigungsschutz oder um die summenmäßigen Höchstgrenzen in einem Sozialplan. Während der Sozialplan im normalen Lauf der Dinge dazu dient, im Falle einer Betriebsänderung eine Einigung zwischen Betriebsrat und Arbeitgeber herzustellen „über den Ausgleich oder die Milderung der wirtschaftlichen Nachteile, die den Arbeitnehmern infolge der geplanten Betriebsänderung entstehen“, sind die Ausgangsbedingungen in einem Insolvenzverfahren andere: Da geht es nicht mehr um einen Ausgleich in der Zweierbeziehung Arbeitgeber-Arbeitnehmer, sondern da sind wegen des begrenzten Umfangs der zur Verfügung stehenden Finanzmittel auch noch die Interessen der anderen Gläubiger des schuldnerischen Arbeitgebers zu berücksichtigen. Der also auch hier erforderliche Ausgleich divergierender Interessen erfolgt so, dass im Rahmen abstrakt formulierter Höchstgrenzen (zweieinhalb Monatseinkünfte maximal und höchstens ein Drittel der zur Verteilung anstehenden Vermögensmasse) den Arbeitnehmern gleichsam ein Sondervermögen eingeräumt wird.

Kurzum, die Arbeitnehmer spielen im Rahmen von Konkurs- bzw. Insolvenzrecht eine sehr bedeutsame und zentrale Rolle. Doch ändert das natürlich nichts daran, dass damals für die Stadt

Bremen ein Fortbestand der Borgward-Werke wesentlich attraktiver gewesen wäre als die schließlich erfolgte Vernichtung sämtlicher Arbeitsplätze.

Abbildung 4. Ehemalige Gebäude der Herstatt-Bank in Köln.

Raumschiff Orion:

Herstatt

Die Geschehnisse

Als Iwan David Herstatt zusammen mit Emil Bührle im Jahre 1955 die in der Nazi-Zeit „arisierte" (wie das ablief, zeigt das oben beschriebene Schicksal des Hermann Tietz-Kaufhauses) Hocker & Co-Bank in Köln (vormals Sternfeld & Tiefenthal) aufkaufte und unter dem Namen I. D. Herstatt-Bank KGaA weiterführte, knüpfte er an eine Familientradition an. Denn in den einhundert Jahren von 1788 bis 1888 hatten seine Vorfahren schon einmal in Köln eine Herstatt-Bank betrieben, die sich vor Ort durchaus einen Namen gemacht hatte, dann aber ihrem Ende zusteuerte, als Friedrich Johann David Herstatt in der zweiten Hälfte des 19. Jahrhunderts daran zweifelte, ob sein gerade geborener Sohn das Zeug dazu und Interesse daran haben würde, die Generationenfolge der Bank weiterzuführen. Sie wurde dem verwandtschaftlich verbundenen Bankhaus J. H. Stein übertragen und schon bald darauf aufgelöst.

Die für eine Bank ungewöhnliche, weil mit großem Haftungspotential belastete Rechtsform einer Kommanditgesellschaft auf Aktien (Herstatt haftete persönlich mit seinem gesamten Vermögen) kam für die „neue" Herstatt-Bank nur deswegen zustande, weil sie als wichtigsten Beteiligten den Jugendfreund von Iwan David Herstatt, Hans Gerling, hatte. Der war Namensgeber und Inhaber des damals in der bundesrepublikanischen Versicherungslandschaft großmächtigen Gerling-Konzerns. Gerling hielt mehr als 80% der Anteile an der Bank seines Freundes, Gesellschaften seines Konzerns den Rest. De facto war die Herstatt-Bank somit eine Tochtergesellschaft des Gerling-Konzerns.

Die Bank entwickelte sich prächtig. Die Bilanzsumme ging steil aufwärts, insbesondere weil das Auslands- und Devisengeschäft so lukrativ war. Das ging so weit, dass sich diese Sparte innerhalb der Bank verselbständigte und die in Anlehnung an eine damals beliebte Fernsehserie intern so genannte „Raumstation Orion" nicht mehr allein Kundengeschäfte, sondern in wachsendem Maß Eigenhandel betrieb. Die „Raumstation" war besetzt mit einer Handvoll junger Männer, die unter Leitung von Dany Dattel in kaum von außen kontrollierter, intern aber auch gut unter dem Radar gehaltener Form dem Wachstumsfieber verfallen war. Maßgebliches Betätigungsfeld war der Devisenhandel, der im Jahr 1973 durch die schließliche Freigabe der Wechselkurse einen Zusatzschub erhielt, weil nunmehr massive Währungsspekulationen ermöglicht wurden. Der interne Revisor wurde mit seinen wiederholten Hinweisen auf das mit diesen Geschäften nun einmal einhergehende Risiko schlicht und einfach überhört.

Die Bank verdankte dieser Erfolgsgeschichte den Aufstieg von einer reinen Regionalbank zu einem Player auf dem internationalen Parkett. Zu ihren Kunden zählte etwa die Chase Manhattan Bank. Wohlgemerkt, die Beteiligung am Devisenhandel mit all seinen Eskapaden war keine Besonderheit gerade und nur der Herstatt-Bank. An diesem Spiel beteiligten sich vielmehr eine ganze Reihe anderer Banken in gleicher Weise. Wodurch sich die Herstatt-Bank jedoch ein Alleinstellungsmerkmal erwarb, war, dass die jungen Männer der Raumstation aufs falsche Pferd gesetzt hatten und damit sich, die Bank insgesamt und schließlich auch den Gerling-Konzern in den Abgrund führten. Das Volumen der offenen Termingeschäfte war mehr als 100-mal größer als das Eigenkapital. Die dieser Risikobereitschaft zugrundeliegende Erwartung, dass nach der Ölkrise von 1973 der US-Dollar weiterhin steigen würde, erfüllte sich jedoch gerade nicht. Weil aber gleichwohl Glattstellungen erfolgen mussten, die ihrerseits teurer als der vorherige Erwerb waren, wuchs der Verschuldungsgrad fast schon exponentiell.

Im Juni 1974 ging es dann Schlag auf Schlag. Nachdem Wirtschaftsprüfer noch im März 1974 zu dem Ergebnis gekommen waren, dass eine „Schieflage" nicht zu erkennen sei, kam es nach wiederholten Mitteilungen an die Kommanditisten über die binnen kürzester Frist dramatisch gewachsenen Verluste zu mehreren Gesprächen über Rettungsmöglichkeiten zwischen Aufsichtsrat der Bank, Gerling-Finanzchef, Bundesbankpräsident und weiteren Akteuren sowie solchen mit den Großbanken Deutsche Bank, Dresdner Bank und Commerzbank. Sie alle endeten ergebnislos. Die Großbanken waren nicht bereit, mit Bürgschaften einzuspringen. Am 26. Juni schließlich entzog das zuständige Bundesaufsichtsamt für Kreditwesen, die heutige BaFin, der Herstatt-Bank die Lizenz zum Betreiben von Bankgeschäften. Die geradezu zwingende Konsequenz dessen war, dass die Bank am nachfolgenden Tag beim Amtsgericht Köln die Eröffnung eines Vergleichsverfahrens nach der Vergleichsordnung beantragte (zu diesem Verfahren werden wir bei der Holzmann-Pleite zurückkommen). Das seinerseits führte zu dem schon immer gefürchteten Sturm auf das Bankhaus in der Kölner Innenstadt. Denn natürlich wollten viele der insgesamt 36.000 Sparer ihr Geld noch von dieser Bank abheben und in Sicherheit bringen. Die Polizei musste das Gebäude sichern.

Einige Monate später wurde das Vergleichsverfahren eröffnet, das das Verhältnis von 1 Milliarde DM an Eigenwerten gegenüber 2,2 Milliarden DM Schulden offenbarte. Einer der dramatischen Höhepunkte des Verfahrens war eine Gläubigerversammlung im Dezember 1974, in der 4000 erschienene Gläubiger in der Kölner Sporthalle zugegen waren, als es darum ging, einen nach der Vergleichsordnung erforderlichen Vergleich zustande zu bringen, um das andernfalls unausweichliche Konkursverfahren abwenden zu können. Bei diesem worst-case-Szenario wären aller Wahrscheinlichkeit nach zumindest die ungesicherten Gläubiger leer ausgegangen, also praktisch alle Einleger mit einem Konto bei der Bank. Das Zünglein an der Waage war die Beteiligung des größten Kommanditisten, also Hans Gerling, an der Aufstockung der Vergleichssumme. Nach einem zähen Ringen erklärte der sich schließlich bereit, 51% seines Konzerns zu verkaufen und die erlösten 210 Millionen DM der Vergleichsmasse hinzuzufügen. Iwan David Herstatt zahlte weitere 12 Millionen DM in diesen Topf.

Vier Tage später wurde der Vergleich dann tatsächlich geschlossen und noch am 30. Dezember gerichtlich bestätigt. Die inländischen Bankengläubiger erhielten danach 45% ihrer Forderungen erstattet, ausländische Banken wie auch Kommunen und ihre Eigengesellschaften 55%, und die restlichen Gläubiger 65%. Durch spätere Versilberungen von Vermögenswerten kam es zu Nachtragsverteilungen, die dazu führten, dass Kleinsparer (bis 20.000 DM) voll befriedigt wurden, größere Sparer mehr als 80% erhielten und Banken und Kommunen etwa 73%. Die Komplexität der Verhältnisse und der Rechtsfragen führte dazu, dass die letzten Auszahlungen erst 2006 erfolgten.

Die zuvor schon angesprochene Chase Manhattan-Bank hatte als Gläubiger freilich Glück. Denn der zuständige Devisenhändler in der Frankfurter Filiale der New Yorker Bank erfuhr von der Entziehung der Bankerlaubnis durch das Bundesaufsichtsamt, kurz bevor diese ausgesprochen wurde. Er konnte noch das Einfrieren der Depotbestände der Herstatt-Bank in New York veranlassen, so dass diese Bank verlustfrei aus dem Geschäft rauskam.

Dieser bis dahin größte Bankenzusammenbruch in der Bundesrepublik Deutschland hatte Konsequenzen auf verschiedenen Ebenen. Auf der persönlichen kam es zu einer Vielzahl von langwierigen Prozessen. Strafrechtlich etwa gegen Iwan David Herstatt, dem gleichsam in einem zweiten Anlauf eine Haftstrafe von zwei Jahren auferlegt wurde, bevor dann das weitere Strafverfahren wegen des bei ihm festgestellten Pickwick-Syndroms, also plötzliches Einschlafen wegen Überanstrengungen, eingestellt wurde. Oder auch gegen Dany Dattel, der auf der Grundlage des KZ-Syndroms als verhandlungsunfähig angesehen wurde; als vierjähriges Kind war er mit seiner Mutter für mehrere Monate nach Ausschwitz deportiert worden. Er klagte aber seinerseits privatrechtlich gegen die Herstatt-Bank, um seine Entlassung für unwirksam erklären zu lassen. Und auch gegen die Bundesrepublik wurden viele in „Interessengemeinschaften" gebündelte Schadensersatzklagen gerichtet, weil sie ihrer Aufsichts- und Kontrollpflicht nicht nachgekommen sei. Eine Landesbank versuchte, ihren Schaden dadurch zu verringern, dass sie die Aufsichtsratsmitglieder – insbesondere also Gerling – auf Ersatz verklagte.

Auf institutioneller Ebene führte diese Pleite etwa zur Schaffung des Einlagensicherungsfonds und auch zur Erhöhung der Kontrollmöglichkeiten im Kreditwesengesetz; sie löste aber auch die Schaffung von Schutzmechanismen im Interbankenhandel aus, die das seither sog. Herstatt-Risiko minimieren bzw. eliminieren sollten. Das Risiko bestand darin, dass am Tag des Lizenzentzugs zwar noch in Dollar denominierte Gelder bei der Bank eingegangen waren, dass aber zum Zeitpunkt der von der Bank geschuldeten Erbringung der Gegenleistung diese wegen des mit dem Lizenzentzug verbundenen Zahlungsverbots schon nicht mehr durchgeführt werden konnte.

Hintergründe und Analysen

Wenn Banken pleite gehen – und seien sie auch so klein und lokal wie die Herstatt-Bank, ist Gefahr im Verzug. Denn bei ihnen handelt es sich um die Schaltstellen einer jeden Wirtschaft, deren Schmierstoff nun einmal das Geld ist, das von den Banken gemanaged wird. Natürlich gibt es Größenunterschiede ganz gewaltigen Ausmaßes, aber auch die kleinen Vertreter dieses Bereiches können über diverse Aktivitäten zu bedeutsamen Gliedern einer Kette werden, deren Ausfall überproportional große Risiken und Schäden verursachen kann. Das sieht man etwa daran, dass sich der US-amerikanische Gesetzgeber genötigt sah, auf Grund der Herstatt-Pleite eine eigene Vorschrift in das dortige Insolvenzgesetz aufzunehmen! Unter Insidern wurde sie als *lex Herstatt* bezeichnet. Und wir werden weiter unten sehen, wenn es um die Pleite eines ganzen Landes geht, dass es schon seit Jahrhunderten eine enge Verflechtung von Banken und Staat gibt, die dazu führt, dass der Zusammenbruch einer Bank immer auch das Potenzial in sich trägt, zu einer Insolvenz des Staates zu werden.

Deswegen schlagen bei Finanzkrisen wie der anlässlich des Zusammenbruchs der Lehman-Bank im Jahre 2008 die Wellen immer dermaßen hoch. Verstärkt wird das regelmäßig noch dadurch, dass im Bankensektor oftmals enge Verflechtungen bestehen, die die Gefahr eines Dominoeffektes heraufbeschwören: Wenn ein Institut fällt, droht es, die anderen mit umzureißen. Das bezeichnet man neuerdings als ein „systemisches Risiko“, das man seit der letzten Finanzkrise insbesondere dadurch einzuhegen versucht, dass gewisse Banken – europaweit sind es über 100 – einer besonderen Aufsicht durch die Europäische Zentralbank unterstellt sind. Diese Banken sind zu groß, um vom herkömmlichen Insolvenzrecht adäquat bewältigt werden zu können – too big to fail ist das berühmte Kürzel für diese Kategorie. Aus der Lehman-Insolvenz hat man diesbezüglich dazugelernt; und auch die Griechenland-Krise war für Europa und die Welt insgesamt ein Lehrmeister. Es gibt nunmehr nicht mehr nur allein intensive ex ante-, also vorgeschaltete Kontrollen, sondern auch besondere ex post-, also nachträgliche Abwicklungsmechanismen, deren Komplexitäten geradezu atemberaubend sind, die sich aber vermutlich, so steht zu befürchten, zu irgendeinem künftigen Zeitpunkt erneut als nicht ausreichend erweisen werden. Denn Dany Dattel war nicht etwa ein einzigartiger Repräsentant eines Typus‘ besonders geldgierigen Menschen, sondern in dieser seiner Eigenschaft war er nichts anderes als ein (nicht einmal besonders herausragender) Vertreter einer geradezu endlosen Reihe von Vorläufern und Nachfolgern. Diese Reihe ist einer der maßgeblichen Gründe dafür, warum Gesetze immer und immer wieder geändert werden müssen.

Das gesetzgeberische bzw. institutionelle Kontrollsystem war zu der uns interessierenden Zeit im Vergleich zu der heutigen geradezu lasch. Wohlgemerkt, vermutlich werden sich die Insider zur damaligen Zeit über die strikten und engmaschigen Regularien aufgeregt haben; das ist nun einmal so, dass man den jeweils heutigen Stand der Dinge als drückender empfindet als alle vergangenen. Was sich aber beim Raumschiff Orion als fatal erwies, war die Fixierung oder auch der Tunnelblick auf das Anhäufen von noch mehr Gewinnen. Es ist offensichtlich so, dass bei derartigen Geschäften Alternativszenarien im Sinne von Plan B oder Eintreten eines unvorhergesehenen Störfaktors keine Rolle spielen. Wenn es gut ausgeht, nennt man das dann Draufgängertum, wenn nicht, spricht man von gewissenlosen Hasardeuren. Im letzteren Fall gehört zu den Folgen regelmäßig ein Konkurs- bzw. Insolvenzverfahren. Anders herum formuliert, wir haben es wie schon im vorangegangenen Borgward-Fall auch hier bei der Herstatt-Pleite mit einem Typus von Menschen zu tun, der weit verbreitet ist und dadurch überproportional häufig im Kontext von Insolvenzverfahren zu finden ist.

Nun ist es freilich, wie allseits bekannt, ganz grundsätzlich ein Problem, Vorhersagen zu treffen – insbesondere, wenn sie die Zukunft betreffen (frei nach Mark Twain oder Karl Valentin). Schwarze Schwäne, so wissen wir spätestens seit Talebs gleichnamigen Buch, sind nun einmal Absonderlichkeiten, die unvorhersehbar aus heiterem Himmel kommen. Es gibt aber nicht nur die sog. *unknown unknowns*, sondern auch die *known unknowns* – will sagen, man weiß nicht was, aber dass etwas kommen wird, ist einigermaßen gewiss. Das 21. Jahrhundert war diesbezüglich ein unerfreulich intensiver Lehrmeister: Dessen bisher gut 20 Jahre haben von den etwas voreilig als „Jahrhundertflut" bezeichneten Elbüberschwemmungen nicht nur mindestens vier weitere Hochwasser ähnlichen oder gar noch dramatischeren Ausmaßes gebracht, sondern auch noch eine globale Finanzkrise, eine Pandemie und jüngst auch wieder Krieg. Die *known unknowns* sind, mit anderen Worten, unter uns.

Ob die Ölpreiskrise und mit ihr ein sinkender Dollarkurs aus damaliger Sicht ein schwarzer Schwan war oder ein solches *known unknown*, ist aus der ex post-Perspektive heraus schwer zu beurteilen; heute jedenfalls versucht der Gesetzgeber, die großen Banken zu genau derartigen Überlegungen über unvorhergesehene Katastrophenszenarien zu nötigen. Sie müssen nämlich ein sog. *living will* aufsetzen. Wie beim Testament eines Menschen müssen sie einen freilich ständig zu aktualisierenden Bericht verfassen und hinterlegen, in dem unter anderem aufgelistet wird, wie sich die Vermögens- und Gesellschaftsverhältnisse darstellen und was für Implikationen damit verbunden sind. Im Falle einer großen US-amerikanischen Bank hat dieses Konvolut einen Umfang von gut 7000 (in Worten: sieben tausend) Seiten! Hintergrund dieser

Monsterverpflichtung ist natürlich, den Tunnelblick eines Danny Dattel dadurch zu entschärfen, dass Alternativszenarien überhaupt bedacht werden und dass ein Plan B zumindest in Grundzügen in der Schublade liegt.

Einlagensicherungsfonds

Die Pleite der Herstatt-Bank ist, wie schon erwähnt, der Auslöser eines uns Heutigen als eherner Bestand des Wirtschaftslebens erscheinenden Sicherungsmechanismus, nämlich des Einlagensicherungsfonds der Banken. Dass es einen solchen nicht geben könnte, erscheint uns geradezu undenkbar; doch machen beispielsweise gerade gegenwärtig Anleger diverser Krypto-Verleihplattformen in aller Welt die schmerzliche Erfahrung, dass es in diesem wenig regulierten Bereich eine derartige Schutzvorrichtung gerade nicht gibt. Mit anderen Worten, seine Existenz ist keineswegs eine naturgesetzgleiche Notwendigkeit, sondern Folge einschlägiger Negativerfahrungen.

So ist denn auch der Einlagensicherungsfonds nicht ganz ohne Vorläufer gewesen. Der Vorgänger hieß „Feuerwehrfonds“ und existierte seit 1966, nachdem man sich seit 1896 über die Notwendigkeit eines solchen Instruments gestritten hatte. Doch hatte sich dieser Fonds beim Zusammenbruch der Herstatt-Bank als völlig unzureichend erwiesen. Um dem daraufhin befürchteten Ruf nach dem Gesetzgeber zuvorzukommen und um auf Druck der Bundesregierung das Vertrauen der Anleger in das Bankenwesen zu reparieren, handelten die Banken flink. Basierend auf dem Gedanken einer solidarischen Bankengemeinschaft verpflichteten sich alle Banken, in den neu geschaffenen Einlagensicherungsfonds der Banken einzuzahlen und den Einlegern einen direkten Anspruch gegen diese neue juristische Person zu garantieren. Freilich gibt es auch hier eine Deckelung der Ersatzhöhe; die Notwendigkeit dazu ergibt sich allein schon daraus, dass man sich selbst einmal ein Katastrophenszenario ausmalt, dass mehr als nur eine Bank pleite gehen kann. In Deutschland liegt der Deckel derzeit bei 100.000,- € pro Einleger pro Bank.

Später sind dann doch noch Gesetzgeber auf diesen Zug gesprungen, wobei der europäische den Anfang machte. 1994 erließen die Brüsseler Behörden eine Richtlinie zum Einlagenschutz. Danach musste jeder Mitgliedstaat zum Schutz der Anleger ein Einlagensicherungssystem schaffen. Freilich war als Mindestsicherungssumme 20.000,- € vorgesehen, und es brauchte kein Direktanspruch gegen die betreffende Institution eingeräumt werden. Weil Deutschland mit seinem viel intensiveren Schutzniveau daraufhin Wettbewerbsnachteile für seine Banken befürchtete, erhob es Klage gegen diese Richtlinie vor dem Europäischen Gerichtshof in Brüssel, die jedoch in allen Punkten scheiterte. Damit stand auch Deutschland als Mitgliedstaat der EU in der Pflicht, ein entsprechendes Gesetz zu erlassen. In dem ist mehr oder minder all das, was zuvor auf wechselseitigem Einverständnis beruhte, in Gesetzesform gegossen worden. Das hohe Schutzniveau wurde beibehalten, ohne dass sich daraus bislang ein erkennbarer Wettbewerbsnachteil ergeben hätte.

Netting-Vereinbarungen

Eine weitere Neuerung als unmittelbare Folge der Herstatt-Pleite hat mit dem oben bereits angedeuteten, seither allseits sogenannten „Herstatt-Risiko" zu tun. Das ergibt sich im Bankenverkehr daraus, dass die Gegenpartei zu einem Zeitpunkt insolvent wird, in dem sie die an diesem Tag fälligen Zahlungen bereits erhalten hat, ihre an demselben Tag fälligen Zahlungen aber noch nicht geleistet hat. Zur Erinnerung: Dieses Risiko verwirklichte sich bei denjenigen Gläubigern der Herstatt-Bank, die nicht das Glück der Chase Manhattan Bank hatten und ihre Forderungen doch noch ausgleichen konnten. Das waren durchaus viele; und sie fanden sich in der Situation allgemeiner Insolvenzgläubiger wieder, sodass sie nunmehr nur auf die quotale, anteilige Auszahlung hoffen konnten. Das ist zwar im Klartext nichts anderes als die Realisierung des allgemeinen Insolvenzrisikos, das jeder Gläubiger nun einmal zu tragen hat. Doch liegen im Inter-Bankenverkehr die Dinge insofern schon auch ein bisschen besonders, als dort solch ein Austausch in einem ganz enormen Ausmaß erfolgt; weltweit, rund um die Uhr und mit ständig wechselnden Akteuren.

Die Herstatt-Pleite führte dazu, dass nunmehr in einer Vielzahl von Rechtsordnungen – den Anfang machten die USA und England, zwischenzeitlich sind weltweit ca. 80 Rechtsordnungen beteiligt und vor kurzem ist etwa noch Brasilien hinzugekommen – Sonderregeln in die Insolvenzgesetze aufgenommen worden sind, um dieses „Herstatt-Risiko" wenn nicht zu eliminieren, dann doch einzudämmen. Der Schutzmechanismus läuft unter dem Begriff „netting“. Da gibt es zum einen das Zahlungsnetting, das dazu führt, dass wechselseitige Forderungen an dem Tag als automatisch verrechnet gelten, also auch ohne dass eine Zahlung bereits erfolgt wäre, an dem einer der beiden Parteien in ein Konkurs- bzw. Insolvenzverfahren gerät. Damit ist die mit der Einleitung des Insolvenzverfahrens einhergehende Gefahr des Forderungsverlustes für den Gläubiger erheblich verringert bzw. im besten Fall aufgehoben.

Aber damit noch nicht genug; es gibt auch noch den Schutzmechanismus des „close-out netting“, der alternativ auch „Liquidationsnetting“ genannt wird. Dafür ist mit massivem Aufwand und unter Mithilfe des europäischen Gesetzgebers eine gesetzliche Regelung eingeführt worden, die das Insolvenzrisiko ganz massiv reduziert. Die Einzelheiten sind ein wenig kompliziert, aber das Risiko-Verringerungspotential wird schön erkennbar an einem Beispielsfall, den zwei spanische Insolvenzrechtler (Miquel Virgós, Francisco Garcimartín) vorgestellt haben:

> *„A und B haben mehrere Derivatgeschäfte abgeschlossen, etwa mehrere Zinsswaps. Aus diesen Geschäften resultieren viele Zahlungsverpflichtungen zwischen den Parteien. Falls B nun in Zahlungsverzug hinsichtlich einer dieser Verpflichtungen gerät, gestattet eine Close-out Netting-Vereinbarung A, (1) sofort sämtliche anderen Geschäfte zu kündigen, (2) die Werte eines jeden Geschäfts zu ermitteln (von denen einige einen positiven, andere einen negativen Ersetzungswert haben werden), und (3) diese ermittelten Beträge zu verrechnen. Angenommen, die Parteien haben drei derartige Geschäfte „am Laufen“: Geschäft 1 und 2 haben einen positiven Wert für B in Höhe von 8 (B ist also „in the money“) und Geschäft 3 hat einen positiven Wert für A von 10 (A ist „in the money“). In diesem Beispiel sind die wechselseitigen Zahlungspflichten verrechnet und führen im Ergebnis zu einer einzigen Zahlungsverpflichtung des B gegenüber A: A hat somit einzig und allein einen Zahlungsanspruch in Höhe von 2, anstatt selbst 8 zahlen zu müssen und 10 verlangen zu können.*

In tatsächlichen, wenn auch etwas veralteten Zahlen ausgedrückt, betrug im Juni 2009 das Geschäftsvolumen der betroffenen Finanzdienstleister 605 Billionen US-Dollar. Das bei bis dahin geltender Rechtslage errechnete Ausfall- und damit Insolvenzrisiko belief sich auf 25 Billionen US-Dollar, also ca. 4%. Durch den gesetzlich eingeräumten Schutzmechanismus sank das Risiko von 25 Billionen auf 3,7 Billionen US-Dollar und damit auf etwas über ein halbes Prozent. Das ist eine dermaßen erfolgreiche Reduzierung des Insolvenzrisikos, dass es seinerseits schon wieder zu einem neuen Risiko führen kann, nämlich das des allzu sorglosen Umgangs mit den entsprechenden Geschäften – neudeutsch läuft diese immer mal wieder an verschiedenen Stellen des Rechts beobachtbare Sorglosigkeit unter dem Begriff des „moral hazard".

Sicherheiten im Konkurs- bzw. Insolvenzverfahren

Und schließlich soll hier noch eine weitere, unmittelbare Folge der Herstatt-Pleite angesprochen werden, die mit einem Thema zu tun hat, das seit jeher engstens mit dem Konkurs- bzw. Insolvenzrecht verwoben ist und wohl auch immer sein wird – dem, was die Juristen „Kreditsicherungsrecht" nennen und was landläufig als „Sicherheiten" bezeichnet wird. Auch in diesem Bereich hat Herstatt seine Duftmarke gesetzt. Konkret gesprochen, bestand diese darin, dass mit Blick auf die in jenem Verfahren zutage getretenen praktischen Gepflogenheiten das „Grundgesetz" für das Handeln der Banken – das Kreditwesengesetz – an einigen zentralen Stellen geändert wurde. So dürfen beispielsweise seither keine Großkredite mehr vergeben werden, wenn sie eine bestimmte Höhe des haftenden Eigenkapitals überschreiten; es wurde präzisiert und erweitert, was überhaupt unter „Kredit" zu verstehen ist; es wurde der Einzelbankier untersagt und das Vieraugenprinzip eingeführt, um auf diese Weise kriminelle Machenschaften zu verhindern, wenn etwa „der Chef" im Urlaub war; überdies müssen die Kreditinstitute seit dieser Gesetzesänderung verstärkt Informationen an die Aufsichtsbehörde übermitteln. Man erkennt hieran auch, dass das damals gerade in Deutschland sehr verbreitete und höchst populäre Hausbankprinzip an seine tolerablen Grenzen gekommen war.

Was aber von all dem den Anlass zu den nachfolgenden Beschreibungen gibt, ist die damalige Neuerung, derzufolge die Gewährung von Sicherheiten für ein Darlehen die Bank nicht mehr davor bewahrt, sich bei der Vergabe von Krediten ab einer gewissen Größenordnung umfassend über die Bonität und die Kreditwürdigkeit ihres Kunden informieren zu müssen – und zwar nicht nur vor dem Abschluss des Kreditvertrages, sondern auch noch kontinuierlich während der Laufzeit. Vorher durften die Banken von solch einer Kontrolle absehen, wenn das Darlehen gesichert war.

Dieser letztgenannte Zusammenhang ist an sich einleuchtend. Denn, wie der Begriff schon andeutet, eine Sicherheit minimiert das Risiko, und schließt es im besten Fall sogar aus. Wenn der Kreditnehmer also eine Sicherheit gegeben hat, kann der Kreditgeber das Darlehen beruhigt ausreichen und braucht sich keine größeren Sorgen mehr zu machen. Denn im schlimmsten Fall versilbert er halt die Sicherheit und begleicht die offene Forderung mit dem Erlös aus dieser Versilberung. Wenn es doch nur so einfach wäre …

Man stelle sich nur einmal als schlichtesten Fall vor, dass der Bank als Sicherheit genau der Neuwagen gegeben wird, den sich der Kreditnehmer mit dem Darlehen kauft. Was mag der Wert dieser Sicherheit sein, wenn der Kreditnehmer den Wagen voller Stolz und Freude in der Fabrik abgeholt hat und von dem Fabrikgelände auf die Straße gefahren ist? Was ist der Wert einen Monat später? Was, wenn ein an dem parkenden Wagen vorbeischlenderner Mensch zu seinem persönlichen Frustabbau mit einem Schlüssel einen langen Kratzer in den Lack des Wagens ritzt? Kurzum, da allseits bekannt ist, dass der Wert eines Autos bereits nach der ersten Kurve massiv gesunken ist, wird klar, dass die Aussage über den Wert einer Sicherheit immer eine Prognose über ein zukünftiges Ereignis enthält. Ganz banal: Es lässt sich nicht mit Gewissheit vorhersagen, wie viel ein künftiger Käufer oder Übernehmer in der Zukunft für den als Sicherheit hingegebenen Gegenstand zu zahlen bereit sein wird.

Nun könnte man meinen, dass sich dieses Entwertungsrisiko ganz einfach dadurch lösen lässt, dass sich der Kreditgeber von seinem Vertragspartner entsprechend mehr an Sicherheiten geben lässt; statt 100%-ige Absicherung dann eben eine 200%-ige, oder noch mehr. So einleuchtend das auch auf den ersten Blick erscheint, auf den zweiten erkannt man aber, dass der Kreditnehmer infolge dieses einen Kredits gewissermaßen geknebelt ist – wenn er nämlich überhaupt so viel an Sicherheiten stellen kann, muss er praktisch all das für den einen Kredit aufwenden; einen eventuell erforderlichen weiteren Kredit, beispielsweise zur Eröffnung eines neuen Unternehmens, kann er dann regelmäßig gleich vergessen. Um also dem Kreditnehmer angesichts dieses Dilemmas Handlungsfreiraum zu belassen und um damit zusätzlich einen Anreiz zu unternehmerischen Handeln zu setzen, sieht das deutsche Recht eine Grenze (ca. 150%) vor, bis zu der hin sich ein Kreditgeber Sicherheiten geben lassen darf. Ist die Grenze überschritten, ist die gesamte Sicherheit unwirksam; der Kreditgeber ist damit dann ein ungesicherter Gläubiger und erhält im Fall der Insolvenz seines Kreditnehmers nur die Quote.

Es ist wohl unmittelbar einleuchtend, dass sich nicht nur allein Banken, sondern jedermann für die Hingabe eines Kredites gerne absichern will. Vielleicht nicht innerhalb der Familie oder unter Freunden; aber alles darüber hinaus grundsätzlich schon. Und wenn der prospektive Kreditnehmer eine hinreichend entfernt stehende Person ist, will man natürlich neben der Risikoabsicherung auch ein wenig Entschädigung bzw. Vergütung für das übernommene Risiko haben. Die nennt man dann Zinsen (die bisweilen natürlich auch einen satten Gewinn einfahren können). Kurzum, wenn die Wirtschaft funktionieren soll und wenn deren Schmierstoff Geld ist, dann sind Kreditsicherheiten gewissermaßen die Kernsubstanz einer funktionierenden Wirtschaft. Wenn man dann noch bedenkt, dass die Eigenkapitalausstattung der deutschen Unternehmen, statistisch gesehen, gegenwärtig irgendwo bei 30% liegt, dass also, andersherum gesprochen, ca. 70% Fremdkapital ist und damit ein Darlehen im Sinne des Kreditwesengesetzes darstellt, dann dürfte jedem klar sein, dass das Recht der Sicherheiten von ganz essentieller Bedeutung für die hiesige Nationalökonomie ist.

Von den vielfältigen Komplexitäten des hierfür zu einem großen Teil anzuwendenden Sachenrechts sollen vorliegend nur zwei erwähnt werden, die ein Gefühl für die Zusammenhänge geben können. Die erste hat mit den rechtlichen Rahmenbedingungen für ein funktionierendes und den massiven Anforderungen eines Wirtschaftsstandortes wie des deutschen genügenden Kreditsicherungsrechts zu tun; die zweite weist nur auf Korrelationen zwischen Sicherungsbedürfnis und Wirtschaftsentwicklung hin.

Was zunächst die erste Komplexität betrifft, so gibt es erhellende Untersuchungen dazu, wie sich unklare Vermögenszuweisungen in bestimmten Rechtsordnungen auf die Einsatzfreude von Investoren auswirken – schlecht nämlich. Das ist erneut unmittelbar einsichtig, wenn man sich mal selbst in die Lage eines potentiellen Geldgebers oder Investors versetzt, dem als Sicherheit ein Vermögensgegenstand angeboten wird, von dem nicht recht klar ist, ob er wirklich dem Kreditnehmer gehört oder in welchem Umfang genau. Kurzum, Kreditsicherheiten schreien förmlich nach einer möglichst präzisen Zuordnung von Vermögensgegenständen an eine bestimmte Person. Das deutsche Recht ist da ziemlich gut aufgestellt mit seinem Grundbuch, dessen Exaktheit geradezu vorbildlich ist als Vermögensnachweis für Grundstücksrechte. Bei beweglichen Sachen wird das schon schwieriger; wie weise ich beispielsweise nach, dass ich wirklich der Eigentümer bin; dass sich die kostbare Violine bei mir befindet, ist bestenfalls ein Indikator, aber kein Beweis. Das Bild an der Wohnzimmerwand kann genauso gut eine Leihgabe sein. Beim Auto hilft noch der Kfz-Brief, beim Bild an der Wand gibt's dergleichen eher selten. Ganz schwierig wird das bei rein virtuellen Vermögensgegenständen wie Forderungen oder Rechten. Übrigens, aus genau dem hier angedeuteten Grund ist regelmäßiger Bestandteil juristischer

Entwicklungshilfe das auch bei den Juristen regelmäßig als trocken verschrieene Registerrecht; Register (beispielsweise für Eigentum an Grundstücken oder sonstigen wertvollen Gegenständen, oder für gewährte Sicherheiten, für rechtliche oder faktische Beschränkungen, etc.) sind nämliche ziemlich präzise Zuordnungsmechanismen von Vermögensgegenständen und stellen somit Anreize zu Investitionen dar.

Ganz schwierig wird die Vermögenszuordnung allerdings dann, wenn es um eher moderne Dinge geht. Da geht es dann um Fragen wie die, wem die Daten gehören, die etwa ein fahrendes Auto produziert? Wem die website? Wem das Wissen eines bestimmten Ursachenzusammenhanges? Etc. Diese Fragen bewegen derzeit die Gemüter der Juristen und man ist noch ziemlich weit davon entfernt, eine allseits akzeptierte Lösung gefunden zu haben.

Die zweite Komplexität schließt sich an das Voranstehende an. Es dürfte daraus klar geworden sein, dass es in unserem Wirtschaftssystem von Vorteil ist, wenn man Vermögensgüter hat, die man als Sicherheiten für die offenbar dringend benötigten Kredite – wie gesagt, 70 % Fremdkapital – anbieten kann. Deswegen wird schon immer jede Rechtsposition darauf „abgeklopft", ob sie sich nicht vielleicht als Sicherheit einsetzen lässt, um mit ihrer Hilfe an neue Kredite heranzukommen – gegenwärtig sind da gerade „token" im Zentrum des Interesses. Aus der Sicht des zu sichernden Darlehensgebers ist die dabei alles entscheidende Frage, ob und wie er eine solche Rechtsposition im kritischen Fall zu Geld machen kann. Möglicherweise spielt da dann plötzlich so etwas wie das Datenschutzrecht eine zentrale Rolle, wenn es um die in einem Prozess tatsächlich mal am Rande aufgeworfene Frage geht, ob im Falle einer (tatsächlich wohl eher unwahrscheinlichen) Insolvenz von Facebook der riesige Datenschatz zu Geld gemacht werden kann – und wenn ja, wie?

Am Beispiel des schlichten und allseits bekannten Eigentumsvorbehalts lässt sich die vorliegend interessierende Komplexität wunderbar darstellen. Bei der obigen Darstellung des ewigen Kampfes zwischen Gläubigern und Schuldnern (S. 50 ff.) kam schon einmal zur Sprache, dass der Kauf unter Eigentumsvorbehalt ein Kreditgeschäft ist. Er ermöglicht, Dinge zu kaufen, deren Preis man nicht auf einmal bezahlen kann, sehr wohl aber über einen gestreckten Zeitraum. Mit Hilfe dieser juristischen Konstruktion lässt sich also die Wirtschaft ganz prächtig ankurbeln; denn je mehr Käufer, desto besser. Weil der Verkäufer dabei seinem Kunden einen Kredit einräumt, ist es nur natürlich, dass er für die noch offene Kaufpreisforderung gesichert sein will. Dies geschieht denn auch tatsächlich, indem er bis zur Bezahlung der letzten Rate eben weiterhin Eigentümer des verkauften Gegenstandes bleibt, auch wenn er die Sache selbst seinem Abkäufer mitgibt. Juristisch gesehen, ist der als tatsächlicher Inhaber der Sache nur Besitzer. Das reicht ihm regelmäßig vollkommen. Schließlich kauft er die Sache, um sie zu nutzen, nicht aber, um irgendwelche juristischen Feinheiten zu erlangen.

Genau diese Feinheit wird jedoch in dem Moment ziemlich essentiell, in dem dieser Käufer pleite gehen sollte. Denn dann konnte nach der Konkursordnung und kann immer noch nach der Insolvenzordnung der Verkäufer als Eigentümer der Sache zum Konkurs- bzw. Insolvenzverwalter gehen und sie von ihm herausverlangen. Dieser Gegenstand gehört also nicht zur Insolvenzmasse und steht somit nicht als Versilberungsgegenstand zur Befriedigung aller Gläubiger zur Verfügung. Für den schlimmsten Fall ist der Verkäufer also gesichert.

Aber nicht genug damit. Der Käufer hat da also den Besitz an der Sache und kann sie in Folge dessen auch nutzen. Aber kann er sie auch verkaufen oder als Sicherheit für einen Kredit benutzen? Die Antwort lautet, wie wir gleich sehen werden: ja – und zwar, indem man das Sachenrecht und seine Prinzipien ein wenig gestreckt hat. Der Kniff war, dass dem Käufer ein eigenständiges, im Bürgerlichen Gesetzbuch bis dato nicht vorgesehenes Recht an der Sache zugesprochen wird. Das nennt man Anwartschaft – zunehmend auch Anwartschaftsrecht – und wird definiert als so etwas wie der kleine Bruder des Eigentums. Das Eigentumsrecht ist im Sachenrecht das stärkste und allumfassendste Recht; das Anwartschaftsrecht ähnelt dem in vielerlei Hinsicht, muss aber im Krisenfall dem Eigentum weichen. Das Ergebnis dieses Kniffs war, dass an einer Sache nunmehr zwei Rechte bestehen. Eine wundersame Verdoppelung von Vermögenswerten!

Der Eigentumsvorbehalt eignet sich aber über diese Schöpfung eines neuen Vermögensrechts gleichsam aus dem Nichts heraus auch dafür, die zuvor erwähnte Suche nach immer neuen Sicherungsmöglichkeiten zu demonstrieren. Dazu müssen wir uns in die 50er Jahre des 20. Jahrhunderts zurückbeamen und damit in die Anfangszeiten dessen, was als das deutsche Wirtschaftswunder bezeichnet wird. Ob die hier geschilderte Entwicklung kausal war, ist nicht ganz sicher; aber die Koinzidenz der Ereignisse ist auffallend.

Die bei Sicherheiten erforderliche Präzision nennt man im Sachenrecht „Bestimmtheitsgrundsatz". Wenn ich also, um auf eine tatsächlich von den Gerichten gefällte Entscheidung zurückzugreifen, sechs Schweine als Sicherheit bestimme, diese Schweine aber in einem Stall unterbringe, wo sie mit vielen anderen Schweinen zusammen rumlaufen und grunzen, ohne dass die genannten sechs irgendwie kenntlich gemacht oder sonstwie hervorgehoben sind, ist die Sicherheit unwirksam; der Gläubiger ist ungesichert. Mit dem Bestimmtheitsgrundsatz ist also, mit anderen Worten, nicht zu spaßen. Was macht der Darlehensnehmer nun also unter diesen Umständen, wenn er sein Warenlager als Sicherheit hingeben will, sich in diesem Lager aber nicht nur solche Waren befinden, die ihm gehören, sondern auch solche, an denen er „nur" ein Anwartschaftsrecht hat – also große und kleine Brüder zusammen? Das war zunächst nach Ansicht des obersten deutschen Zivilgerichts, des Bundesgerichtshofs, fatal; wenn nicht präzise aufgelistet war, an welchen Stücken Eigentum und an welchen Stücken nur eine Anwartschaft bestand, war der Bestimmtheitsgrundsatz verletzt und die Sicherheit damit hinfällig.

Die Konsequenz dieser Entscheidung implizierte natürlich einen Riesenaufwand für den Darlehensnehmer. Denn der musste zur Rettung seiner Sicherheit dann also jeden einzelnen Gegenstand in seinem Lager auflisten und anfügen, ob er daran Eigentum oder nur eine Anwartschaft hatte. Und er musste die Liste fortlaufend anpassen, wenn aus einer Anwartschaft das Eigentum geworden war. Etwa weil seine Buchhaltung gerade die letzte offene Rate bezahlt hatte, so dass aus der Anwartschaft Eigentum geworden war. Dass das wenig praktikabel war, hat dann auch das oberste Gericht nur wenige Jahre später eingesehen und hat gesagt, es reiche für die Bestimmtheit, wenn als Sicherheit all die Sachen hingegeben werden, die sich in einem fest umrissenen Raum befinden – egal, welches Recht der Darlehensnehmer daran hat. Das erleichterte den Kreditverkehr ganz erheblich und förderte die Wirtschaft insofern, als auf diese Weise die Aufnahme von Fremdkapital erleichtert wurde. Die Eigenkapitalquote war damals übrigens deutlich niedriger als heute!

Ein weiteres Beispiel für wirklich kreativen Umgang mit den rechtlichen Gegebenheiten findet sich im Zusammenhang damit, was Juristen als den „verlängerten Eigentumsvorbehalt" bezeichnen. Da wird die einmal gegebene Sicherheit an einer Sache über mehrere Stationen im Wirtschaftsverkehr genutzt! Am Anfang steht ein schlichter Kauf unter Eigentumsvorbehalt. Gekauft wird ein Rohstoff, sagen wir Stoff. Der Käufer ist ein Modeunternehmen, das aus diesen Stoffen Kleider für die nächste Sommerkollektion herstellen will. Nach dem Kauf bleibt der Verkäufer Eigentümer, und das kaufende Modeunternehmen hat eine Anwartschaft – das kennen wir schon. Fällt das Modeunternehmen unseligerweise in die Insolvenz, ist der Verkäufer gesichert in Bezug auf die noch offene Kaufpreiszahlung und kann die Stoffe herausverlangen.

Fällt der Käufer aber nicht in die Insolvenz, sondern agiert, wie ein Modeunternehmen nun einmal agiert, nämlich aus den Stoffen Kleidung herzustellen, tut sich für den Verkäufer und sein Sicherungsbedürfnis eine andere Gefahr auf. Da kommt es nämlich zu einer Problematik, die schon die alten römischen Juristen vor 2000 Jahren zu einer intensiven Diskussion genötigt hatte. Nämlich, was passiert in rechtlicher Hinsicht mit dem Stück Stoff, aus dem ein Schneider (oder auch Modeunternehmen) ein Kleid oder einen Anzug herstellt? Wer ist der Eigentümer des Anzugs? Da geht es also um die ganz grundsätzliche Frage, wie sich der Verarbeitungsprozess auf die Vermögenszuordnung auswirken soll. Im Laufe der Jahrtausende sind natürlich sämtliche denkbaren Lösungen unterbreitet und auch angewandt worden; nach geltendem deutschen Recht ist es so, dass, wenn bestimmte weitere Voraussetzungen vorliegen, der Verarbeiter der neue Eigentümer wird. Und damit ist die zuvor genannte Gefahr benannt: Indem das Modeunternehmen Eigentümer zu werden droht, geht die Sicherheit des Verkäufers aus seinem vorbehaltenen Eigentum an dem Stoff verloren. Denn wenn jetzt, also nach der Fertigung der Kleider, das Modeunternehmen pleite gehen sollte, kann der Verkäufer der Stoffe nicht mehr zum Verwalter gehen und sagen: Her mit den Stoffen, ich bin der Eigentümer!

Zur Bannung dieser Gefahr haben die Juristen erneut einen Kniff angewandt, indem sie nämlich das Eigentum verlängert haben. Das geschieht so, dass Verkäufer und Käufer in dem zugrundeliegenden Vertrag vereinbaren, dass der Käufer zwar die Stoffe zu Kleidern, Mänteln, etc. verarbeiten darf, dass er dies aber für den Verkäufer tut. Dadurch ist geklärt, dass es nicht der Käufer ist, der zum neuen Eigentümer wird – auch wenn er die Verarbeitung vornimmt. Die Legitimation zu diesem Kniff hat man daraus hergeleitet, dass die geltende Regelung (§ 950 BGB) schon immer etwas weiter verstanden werden musste als der Wortlaut zu implizieren scheint. Denn nach dem Wortlaut wird Eigentümer des gerade fertig gestellten Kleides derjenige, der letzte Hand anlegt, gegebenenfalls also der Geselle des Schneiders – wohlgemerkt, die Regelung gilt nicht nur für Stoffe, sondern für alle Rohstoffe, die zu etwas Neuem umgestaltet werden (in der Vorlesung bringt man gern das Beispiel, dass Picasso beim Warten auf das Essen im Restaurant aus Langeweile die weiße Tischdecke bemalt, so dass auf diese Weise ein Gemälde entsteht: Picasso ist jetzt der neue Eigentümer der Tischdecke!). Das, so war man sich von Anbeginn an einig, könne nicht die Intention des Gesetzes gewesen sein. Gemeint sein müsse vielmehr der Schneidermeister, so dass also letzten Endes die Eigentumszuordnung schon immer etwas flexibel gewesen ist.

Gut, jetzt ist also der Verkäufer auch dann noch gesichert für seinen Kredit, wenn aus den Stoffen Kleidungsstücke geworden sind. Bislang aber hat der Käufer, also das Modeunternehmen, mit den erworbenen Stoffen noch keinen müden Euro eingenommen, was aber nötig ist, um den Kredit zurückzuführen, also den Kaufpreis zu entrichten. Dafür müssen die Kleidungsstücke auf dem Markt verkauft werden, auf dem allerdings jeder Abkäufer davon ausgehen können möchte, dass sie oder er an der erworbenen Hose das Eigentum erlangt. Spätestens dann geht also das Eigentum unseres Eigentumsvorbehaltsverkäufers verloren. Doch auch diese Gefahr wird im Rahmen des verlängerten Eigentumsvorbehalts gebannt. Denn in dem ursprünglichen Vertrag zwischen Verkäufer und Käufer wird auch noch vereinbart, dass der Käufer, also das Modeunternehmen, die ihm gar nicht gehörenden Kleidungsstücke verkaufen darf, dass aber dafür der Verkäufer eine Sicherheit bekommt an den Forderungen und dem Erlös aus den jeweiligen Weiterverkäufen. Wenn jetzt das Modeunternehmen pleite geht, ist der Verkäufer also immer noch gesicherter Gläubiger in dem Insolvenzverfahren.

Und schließlich gibt es noch eine weitere Variante des Eigentumsvorbehalts, die wunderbar aufzeigt, wie man mit einer Sicherheit gleich mehrere Forderungen abdecken und damit also die eingangs genannte intensive Suche nach immer weiteren Sicherungsmöglichkeiten abdecken kann. Diese Variante läuft unter dem Namen „erweiterter Eigentumsvorbehalt“. Die Erweiterung besteht darin, dass das vom Verkäufer vorbehaltene Eigentum nicht nur dazu dient, die noch offene Kaufpreisforderung bis hin zur Zahlung der letzten Rate zu sichern. Der Käufer wird dabei vielmehr erst dann Eigentümer der Sache, wenn er auch noch weitere, offene Forderungen des Verkäufers abbezahlt hat, gegebenenfalls sogar all die noch offenen Forderungen derjenigen Firmen, mit denen der Verkäufer in einem Konzern verbunden ist. Kurzum, da dient also ein einziger gekaufter Gegenstand als Sicherheit für eine Mehrzahl von offenen Forderungen.

Damit soll es hinsichtlich der Sicherheiten in einem Insolvenzverfahren sein Bewenden haben, auch wenn noch viele weitere Geschichten, Sicherungsmöglichkeiten und Besonderheiten erzählt werden könnten. Es sollte aber klar geworden sein, dass hier sehr viel Ideenreichtum am Werk ist, und dass dieser Ideenreichtum mit einem enormen praktischen Bedürfnis korrespondiert, das in einer riesigen Wirtschaft wie der deutschen mit ihrem ganz erheblichen Anteil an Fremdkapital nur allzu evident und zwingend erforderlich ist.

Abbildung 5. Ehemalige Hauptverwaltung der Philipp Holzmann AG in Frankfurt am Main, Taunusanlage 1.

Politik und Pleite:

Philipp Holzmann

Die Geschehnisse

Die Philipp Holzmann AG war ein Flaggschiff der deutschen Bauwirtschaft. Zu den von dieser Firma erstellten in- wie ausländischen Großprojekten gehörten etwa die Bagdad-Bahn, das Hamburger Rathaus, die Alte Oper in Frankfurt/M., der Nord-Ostseekanal, der Justizpalast in München oder der Hindenburgdamm nach Sylt. Gegründet 1849 von Johann Philipp Holzmann in Dreieichenhain (heute ein Stadtteil von Dreieich bei Offenbach bzw. Frankfurt/M.), wuchs das Unternehmen besonders intensiv ab dem Ende des 19. Jahrhunderts. Das war nicht nur, aber doch zu großen Teilen dem Umstand geschuldet, dass sich das Unternehmen zunehmend auch im Ausland – in Russland ebenso wie in Südamerika – an Bauprojekten beteiligt hatte.

Auch bei diesem Unternehmen kam es in der Zeit der Nazi-Herrschaft zu Arisierungen, deren Durchführung dann mit gewaltigen Bauaufträgen rund um die Kriegswirtschaft „entlohnt“ wurde. Von 1939 bis 1969 war der Aufsichtsratsvorsitzende der Hermann Josef Abs, der überdies als Vorstandsmitglied der Deutschen Bank seinerseits heftig in den Arisierungen dieser Bank involviert war, deswegen nach Kriegsende inhaftiert wurde, später dann aber doch wieder Vorstandssprecher und anschließend Aufsichtsratsvorsitzender dieser Bank wurde. Diese Verbundenheit des Bauunternehmens und der Deutschen Bank spielte beim Untergang der Philipp Holzmann AG erneut eine unrühmliche Rolle.

Doch zunächst wuchs die AG in der Nachkriegszeit zum größten deutschen Bauunternehmen heran mit weiterhin massiver Bautätigkeit auch im Ausland wie etwa in China, USA, Saudi-Arabien oder Malaysia. Da viele der nach der Pleite durch den Insolvenzverwalter eingeleiteten Prozesse gegen die Hauptakteure durch Vergleiche beendet wurden, in denen man sich auf ein Stillschweigen einigte, müssen die Gründe für den Niedergang zu einigen Teilen mittelbar erschlossen werden. Danach scheint es, dass die Expansionsgelüste insbesondere in den 90er-Jahren des 20. Jahrhunderts unkontrolliert in die Höhe schossen; die Bankschulden jedenfalls wuchsen offenbar binnen knapp 10 Jahren von einem hohen zweistelligen Millionenbetrag in einen satten einstelligen Milliardenbetrag – ausgelöst wohl durch die enormen Beteiligungszukäufe in aller Welt. Darüber hinaus scheint es, dass auch bei der Projektentwicklung das Management überfordert war; es hatte wohl schlichtweg den Überblick verloren.

Einen knappen Monat nach der 150-Jahr-Feier des Unternehmens am 25. Oktober 1999 jedenfalls gab der zu dem Zeitpunkt bereits seit zwei Jahren im Amt befindliche Vorstandsvorsitzende Binder bekannt, dass „bisher unentdeckte Altlasten" in Höhe von 2,4 Milliarden DM ans Licht gekommen seien. Hintergrund war die Neubewertung der Schuldenlage, die eben aus Verlusten an den Beteiligungen und den Einbußen aus dem Immobilienprojektgeschäft stammte. Wie Binder rechtlich zutreffend folgerte, war die Philipp Holzmann AG damit überschuldet und musste an sich sofort zum Gericht gehen und einen Antrag auf Eröffnung eines Insolvenzverfahrens stellen. Die einzige Ausnahme von dieser Pflicht ergab sich dann, wenn bereits ein Sanierungskonzept vorlag, das begründete Aussicht auf eine erfolgreiche Rettung verhieß. Das gab es in der Tat, doch knapp eine Woche später, am 23. November 1999, scheiterten die Verhandlungen mit den Banken endgültig. Eindringliche Appelle auch von Seiten des hessischen Ministerpräsidenten Roland Koch und der Frankfurter Oberbürgermeisterin Petra Roth hatten nicht gefruchtet, und der empörte Aufschrei nach dem Scheitern war allseits enorm.

Nach dem geschriebenen, gelehrten und justiziell fundierten Insolvenzrecht war damit am 24. November 1999 der Insolvenzantrag fällig. Er wurde in der Tat auch eingereicht, konnte aber noch am selben Tag wieder zurückgenommen werden. Denn in diesem einen Fall betrat eine Art *deus ex machina*, ein weißer Ritter, die Bühne: der Bundeskanzler persönlich, Gerhard Schröder. Er verkündete am Tag der Antragsstellung ein von ihm maßgeblich initiiertes „Rettungspaket", an dem sich insgesamt 19 Banken beteiligten und das ein Volumen von über 4 Milliarden DM aufwies. Die darin enthaltene Beteiligung des Bundes in Höhe von 250 Millionen DM wurde freilich nie in Anspruch genommen. Diese geradezu spektakuläre Intervention der hohen Politik ermöglichte der Philipp Holzmann AG die Rücknahme des Insolvenzantrags und damit die Rettung von ca. 60.000 Arbeitsplätzen. Die Banken hatten sich dem Drängen des Bundeskanzlers schwerlich entziehen können, nachdem ihr vorhergehendes, ablehnendes Verhalten in der Öffentlichkeit massiven Anfeindungen ausgesetzt worden war („Kapitalismus pur ohne soziales Gewissen"). Was diese Intervention aber nicht konnte, war die zu der damaligen Zeit bestehenden und von den Banken sehr wohl erkannten und zur Basis ihrer vorherigen, ablehnenden Entscheidung gemachten, grundlegenden Krisenverhältnisse in der gesamten Bauwirtschaft zu ändern.

Eben diese Krise aber führte dann eben doch zu einem ungebremsten Rückgang der Geschäfte, zur Anhäufung von weiteren Verlusten und dem damit einhergehenden bzw. sich vertiefenden Vertrauensverlust der Banken in die Sanierungsfähigkeit ihres Kunden. Bei den Verhandlungen der Banken untereinander über ein erneutes Rettungspaket kam es jedenfalls zu ziemlich massiven Meinungsverschiedenheiten zwischen der Hauptgläubigerin Deutsche Bank und weiteren Banken. Insbesondere die Commerzbank, die Dresdner Bank und die Hypo-Vereinsbank erhoben massive Vorwürfe bis hin zu mangelnder Professionalität, auf die

die Deutsche Bank mit nicht minder heftigem, für den internen Bankenverkehr durchaus unüblichem Sprachgebrauch entgegnete. Wie auch immer, nur 1½ Jahre nach der unverhofften Rettung kam das definitive Aus: Am 21. März 2002 musste erneut ein Insolvenzantrag gestellt werden, diesmal ohne dass ein weißer Ritter aus dem Off die Bühne betrat und das Unheil abgewendet hätte.

Hintergründe und Analysen

Die Holzmann-Pleite war der erste große Fall unter der Ägide der am 1. Januar 1999 in Kraft getretenen Insolvenzordnung, und er hätte an sich wunderbar als Lehrstück für die Vorzüge der neuen Gesetzeslage fungieren können. Doch daraus wurde nichts. Aber erstmal der Reihe nach:

Das neue Gesetz, die Insolvenzordnung, hat eine Menge an Gemeinsamkeiten mit seiner Vorgängerin, der Konkursordnung. Dazu gehören etwa die Eröffnungsgründe der Überschuldung und der Zahlungsunfähigkeit. Stellt ein Unternehmen fest, dass es entweder überschuldet oder gar zahlungsunfähig ist, müssen die Verantwortlichen sofort einen Antrag auf Eröffnung eines Verfahrens beim Konkurs- bzw. Insolvenzgericht stellen. Wie ernst der deutsche Gesetzgeber dieses „müssen" nimmt, zeigt sich daran, dass ein Verstoß gegen diese Pflicht nicht nur zu Schadensersatzforderungen führt, sondern auch noch die Pflichtigen schlimmstenfalls ins Gefängnis bringen kann.

Der Hintergrund dieser Pflicht ist die Absicht, dass die Verantwortlichen einer jeden Gesellschaft durch diese durchaus drastischen Sanktionen dazu angehalten werden sollen, sich laufend darüber Klarheit zu verschaffen bzw. diese auf aktuellsten Stand zu bringen, wie es denn um die Geschicke des Unternehmens steht. Gleichsam wie ein Frühwarnsystem soll durch diesen kontinuierlichen Stresstest in Eigenregie sichergestellt werden, dass alle Akteure des Wirtschaftslebens hinreichend liquide sind und somit nachhaltig wirtschaften. Aus akademischer Perspektive klingt das wie ein großartiger Plan; in der praktischen Umsetzung – naja – ist er das offenbar nicht wirklich. Und das, wo doch durch die möglichst frühzeitige Erkennung einer sich möglicherweise am Horizont abzeichnenden Krise noch hinreichend Zeit besteht, um gegenzusteuern und mit seinen Gläubigern über eine Restrukturierung der Verbindlichkeiten zu verhandeln. De facto scheint es gar so zu sein, dass die meisten Geschäftsführer von der ihnen auferlegten Pflicht nicht einmal wissen – insofern war der Vorstand der Holzmann AG sogar eine rühmliche Ausnahme.

Zu den Gemeinsamkeiten des alten und des neuen Gesetzes gehört im Übrigen praktisch alles, was mit der Liquidation zu tun hat. Wie schon einmal angedeutet, handelt es sich bei dieser Verfahrensvariante letzten Endes um nichts anderes als einen (freilich nicht ganz unkomplizierten) Verkaufsprozess, durch den das Vermögen des Schuldners in Geld umgewandelt wird. Der Sache nach hat man genau das auch im antiken Rom schon so gemacht, so dass also diese Kontinuität zwischen der Konkurs- und der Insolvenzordnung nicht wirklich überraschend ist.

Die Unterschiede liegen demgemäß in den Neuerungen – und hier insbesondere in dem, was hierzulande als Planverfahren bezeichnet wird, was international aber geradezu berühmt ist als Chapter 11-Verfahren und damit unter der Originalbezeichnung seines Ursprungs. Im US-amerikanischen Bankruptcy Code handelt dieses 11. Kapitel eben von dem Sanierungsverfahren. Denn darum dreht es sich auch im Planverfahren. Nicht der Verkauf des schuldnerischen Vermögens steht im Vordergrund, sondern die Rettung des Unternehmens. Davon wird ausführlicher in dem nachfolgenden Abschnitt zu sprechen sein, so dass an dieser Stelle genügen soll, dass dies in der Weise geschieht, dass der Schuldner in einem geordneten Verfahren mit seinen Gläubigern über einen Plan verhandelt, durch den eine Fortsetzung des Unternehmens sichergestellt werden soll.

Weitere Neuerungen in dem neuen Gesetz bestehen etwa darin, dass weitere Anreize für den möglichst frühzeitigen Gang zum Insolvenzgericht gesetzt werden, dass den Gläubigern mehr Rechte eingeräumt, und dass auch der Versuch unternommen wird, die Verfahren zu beschleunigen. Denn je früher ein Verfahren beendet wird, desto besser für alle Beteiligten – insbesondere, weil dann wieder klarere Verhältnisse herrschen. Und der Spruch, dass derjenige, der früh gibt, doppelt gibt, ist uralt.

Insofern ist das alles auf dem Papier einleuchtend und vielleicht sogar einladend. Doch ist eine praktische Hürde die, dass die Ausführung dieses Planverfahrens ziemlich kompliziert ist. Das ist, bei Lichte betrachtet, nicht weiter verwunderlich, weil es ja bei einem Insolvenzverfahren um einen Ausgleich zwischen einer Vielzahl von teilweise diametral entgegengesetzten Interessen geht. Wie beim berühmten Rubik Zauberwürfel müssen jede Menge Divergenzen unter Knappheitsbedingungen zum Ausgleich und in einen für die Zukunft des Unternehmens maßgebenden Planentwurf gebracht werden. Das hatte die Philipp Holzmann AG denn auch tatsächlich alles schon am 23. November 1999 einkalkuliert, und zwar in einer innovativen und zukunftstauglichen Weise. Nicht nur, dass an diesem Tag bereits der Insolvenzplan so weit vorbereitet war, dass er als diskutable Grundlage für die Verhandlungen mit den Gläubigern im Rahmen des Verfahrens hätte taugen können; die AG hatte darüber hinaus auch schon am Vortag, also am 22. November 1999, einen erfahrenen Insolvenzverwalter in den Vorstand der AG berufen und ihn mit dem seither für diese Aufgabenübertragung gebräuchlichen Titel Chief Restructuring Officer (CRO) versehen.

Das war und ist bis heute aus mindestens drei Gründen ein geschicktes Vorgehen. Zum einen holt man sich auf diese Weise jemanden ins Haus, der mit den vorbeschriebenen Komplikationen des Zauberwürfels Planverfahren umgehen kann. Zum anderen hat man damit jemanden im Unternehmen, dem die Gläubiger möglicherweise Vertrauen entgegenbringen. Denn wie auch im

Falle der Holzmann AG pflegt im Vorfeld der Sanierungsbemühungen zumindest dann, wenn sie nicht so richtig toll laufen und das Unternehmen an den Rand der definitiven Pleite bringen, so manches gute Stück Porzellan kaputt zu gehen und das Vertrauen der Gläubiger in das Schuldnerunternehmen zu schwinden. Da ist dann eine neue Person, noch dazu ein evidenter Neuzugang, schon förderlich, zumal wenn allseits bekannt ist, dass sie das Katastrophenszenario kennt und zu bespielen weiß, vor dem man miteinander verhandelt.

Der dritte Grund, warum die Bestellung eines CRO taktisch klug ist, liegt in der neu in die Insolvenzordnung aufgenommenen Möglichkeit, den Vorstand im Falle der Verfahrenseröffnung nicht mehr automatisch beiseite schieben und durch einen Insolvenzverwalter ersetzen zu müssen. Die Insolvenzordnung hat vielmehr zusätzlich das US-amerikanische Konzept des debtor in possession übernommen; im Deutschen läuft dieser „besitzende Schuldner" unter der Bezeichnung „Eigenverwaltung". Sie bedeutet, dass der Schuldner weiterhin die Geschicke des Unternehmens leiten kann. Auch wenn ihm eine Art Kontrolleur (Sachwalter) an die Seite gestellt wird; er wird jedenfalls nicht wie im Liquidationsfall komplett aus seinem Tätigkeitsbereich vertrieben und vor die Tür gesetzt.

Genau aus diesen drei Gründen hatte die Philipp Holzmann AG den besagten Insolvenzverwalter als CRO ins Haus geholt. Man hatte vor, die Vorteile des neuen Gesetzes in die Tat umzusetzen und im Wege der Eigenverwaltung ein Planverfahren durchzuführen. Nun kann man im nachhinein trefflich darüber sinnieren, was geworden wäre, wenn der weiße Ritter Schröder nicht die Bühne gestürmt hätte; der CRO selbst zeigte sich damals übrigens recht skeptisch gegenüber den Erfolgschancen des Planverfahrens. Nach seiner Einschätzung war die Situation mit den dringend benötigten Gläubigerbanken schon allzu sehr verfahren. Einige von denen hatten sich bereits offen für eine Liquidation ausgesprochen, wobei da möglicherweise auch noch die mangelnde Erfahrung mit dem Umgang des neuen Instrumentariums eine Rolle spielte. Und da das Planverfahren keineswegs so ausgestaltet ist, dass eine Sanierung gleichsam „auf Deubel komm raus" durchgepeitscht wird, sondern vielmehr in der Weise, dass es dann, wenn es mit der Sanierung nicht klappt, eben doch zu einer Liquidation nach Maßgabe des herkömmlichen Insolvenzrechts kommt, wäre wohl in jedem Fall auch damals schon das Unternehmen von der Bildfläche verschwunden.

Der weiße Ritter

Weil Insolvenzen nun einmal nichts wirklich Angenehmes sind und für die Betroffenen oftmals ein Desaster darstellen, ist es alles andere als verwunderlich, dass die Suche nach Alternativen intensiv geführt wird. Toll ist es natürlich, wenn das Insolvenzrecht von vornherein keine Anwendung findet, wie etwa für den Staat selbst (darauf werden wir freilich im vorletzten Kapitel zurückkommen). Aber auch Gemeinden sind hierzulande aus dem Anwendungsbereich der Insolvenzordnung ausgenommen, so dass ein Verfahren wie das über das Vermögen der Stadt Detroit oder New York in den USA hierzulande nicht möglich ist.

Es gibt aber auch noch andere Wege, aus dem Anwendungsbereich des Insolvenzgesetzes herauszukommen. Das zuvor schon erwähnte Kürzel „too big to fail" hat in der (vorerst) letzten Finanzkrise in Bezug auf Banken eine zweifelhafte Prominenz erlangt. Doch ist das Phänomen keineswegs nur auf Banken beschränkt, auch andere Unternehmen können zu groß, zu bedeutsam, zu vernetzt sein, um dem allgemeinen Insolvenzrecht ausgesetzt werden zu können. So gibt es beispielsweise in einzelnen Staaten immer mal wieder Betriebe, die der Arbeitgeber einer ganzen Region oder gar einer Millionenstadt sind. Da geht es also nicht um einen gesetzlich angeordneten Ausschluss aus dem Insolvenzbereich, sondern um einen sozialpolitisch motivierten. Und bisweilen sind es gar emotionale Bezüge, die für finanziell klamme Unternehmen einen veritablen Insolvenzschutz bieten: Das lässt sich insbesondere bei

Sportvereinen gut beobachten, bei denen sich eine Bank sehr genau überlegt, ob sie in Gestalt eines Insolvenzantrags den Stecker zieht, oder doch noch einmal Geld nachschießt. Da muss sorgfältig der Unmut der Fans gegen die wirtschaftlichen und rechtlichen Notwendigkeiten abgewogen werden.

Wenn aber weder Gesetz noch außer-rechtliche Gegebenheiten helfend zur Seite stehen, bleibt für einen strauchelnden Schuldner allein die Hoffnung auf besagten weißen Ritter. Der kann in vielerlei Gestalt auftreten, beispielsweise als Investor. An dieser Stelle wird der enge Zusammenhang erkennbar, der zwischen einem effizienten Insolvenzrecht und der Investitionsbereitschaft insbesondere ausländischer Geldgeber seit jeher besteht. Weltbank und Internationaler Währungsfonds unterstützen die weltweite Modernisierung von Gesetzgebung und Praxis des Insolvenzbereichs vor allem deswegen so intensiv in allen Entwicklungsstaaten, um Auslandsinvestitionen zu fördern. Investoren wollen aus nur zu verständlichen Gründen eine ex ante-Klarheit darüber, was aus ihrem Investment im Falle eines Scheiterns passiert.

Der weiße Ritter ist aber oftmals auch der Staat selbst. Seine übliche Rettungstat ist bekannt unter dem Namen Subvention. Subventionen sind Unterstützungsleistungen, die Wachstum ermöglichen bzw. vor dem Zusammenbruch bewahren und somit weder ausschließlich toll noch ausschließlich verdammungswürdig sind. Soweit sie aber vor dem Zusammenbruch bewahren, laufen sie Gefahr, die durch das Insolvenzrecht gerade gewollte Verhinderung der Zombifizierung der Wirtschaft zu unterlaufen; das hatten wir bereits oben im Kapitel über die Borgward-Pleite thematisiert. Es gibt daher auch aus diesem Grund das sogenannte Beihilfe-Recht, das insbesondere auf europäischer Ebene sehr strikt und humorlos vorgeht und Subventionen zurückverlangt, um eine Verzerrung des Wettbewerbs zu verhindern.

Der Staat kann den weißen Ritter aber auch so verkörpern, wie das damals der Kanzler Schröder gemacht hat, nämlich mit massivem Druck. Orchestriert und angeheizt von einer bemerkenswert unkritischen Presse wurde in Interviews gleich mehrerer Politiker der Mangel des sozialen Bewusstseins der Banken und ihre amerikanische (sic!) Gewinnsucht angeprangert; es wurde auf ihre Verantwortlichkeit der Gesellschaft gegenüber verwiesen und sogar – nicht einmal versteckt – die sicherlich zu erwartende negative Kundenreaktion ins Spiel gebracht. Das nennt man in anderen Kontexten schon auch mal Anstachelung! Wie auch immer; wenn derartige Geschütze aufgefahren werden, wird es für jede Bank eng, und sie muss sich sehr gründlich überlegen, ob sie nicht doch die Sanierung ihres Kunden unterstützen sollte. Wie gezeigt, hat dieser Druck zur Rettung der Philipp Holzmann AG geführt – doch war diese „Rettung" nur ein Strohfeuer von recht kurzer Dauer. Die ökonomischen Rahmenbedingungen und die Aufstellung des Unternehmens selber waren schlichtweg nicht nachhaltig genug.

Die Funktion eines Konkurs- bzw. Insolvenzverfahrens, Teil 2 (Sanierung)

Anlässlich des Konkurses Borgward kam bereits zur Sprache, was denn die Funktion eines Konkurs- bzw. Insolvenzverfahrens ist, soweit es die Liquidation des schuldnerischen Vermögens zum Gegenstand hat. Das Ergebnis war, dass es dabei um die Bereinigung des Marktes geht, insbesondere um das Aufkommen von Zombies zu verhindern oder, wenn es sie doch einmal gibt, sie in einem geordneten Verfahren aus dem Marktgeschehen herauszuziehen. Das geht so vor sich, dass das Unternehmen veräußert wird. Und das wiederum kann in der Weise geschehen, dass jeder einzelne Gegenstand an je verschiedene Abnehmer verkauft wird, oder auch so, dass das Unternehmen als Ganzes oder in einheitlichen Teilen übertragen wird. Dabei kann dann auch noch zwischen einem *asset deal* (da wird jeder einzelne Gegenstand verkauft) und einem *share deal* (da werden die Anteilsrechte am Unternehmen verkauft) unterschieden werden. Entscheidend ist hierbei nach dem deutschen Verständnis nur, dass ein möglichst hoher Kaufpreis erzielt wird, der anschließend dann anteilig an die Gläubiger verteilt wird. In Frankreich übrigens spielt der hohe Kaufpreis eine nur untergeordnete Rolle; da steht für den Insolvenzverwalter die Aufgabe im Vordergrund, das Unternehmen und mit ihm möglichst viele Arbeitsplätze zu retten.

Wie wir ebenfalls zuvor schon einmal angesprochen haben, besteht der große Unterschied zwischen der Konkursordnung von 1877 und der am 1. Januar 1999 in Kraft getretenen Insolvenzordnung darin, dass in dem neuen Gesetz ein Sanierungsverfahren vorgesehen ist, welches es zuvor nicht gegeben hatte, zumindest nicht in dieser Form. Für die Hermann Tietz OHG war das Fehlen einer solchen Option insofern belanglos, als das beschriebene Vorgehen aus schnöden, ideologischen Gründen ohnedies so erfolgt wäre, dass rechtliche Erwägungen und Instrumente allenfalls zum Vorteil der Nazis eingesetzt wurden. Für Borgward und die Herstatt-Bank dagegen stand diese Option nicht zur Verfügung, weil deren Pleiten noch unter der Ägide der alten Konkursordnung stattfanden. Auch wenn sich einzelne Konkursverwalter immer mal wieder um die Rettung von Unternehmen bemüht hatten, eine gesetzliche Anleitung und Absicherung gab es dafür so gut wie gar nicht.

Die gab es aber in den USA, und zwar schon recht lange. Um die Mitte des 19. Jahrhunderts gerieten dort vermehrt Eisenbahn-Unternehmen in eine finanzielle Schieflage, was angesichts des damaligen dortigen Konkursrechts zu einer Versilberung geführt hätte. Die Lokomotiven wären dann vielleicht an den einen Käufer gegangen, die Waggons an einen anderen und sonstige Betriebsmittel vielleicht an einen Dritten. Ob aus einem solchen Mix anschließend dann ein weiterhin funktionstüchtiges Transportsystem hervorgegangen wäre, war eine offene Frage. Eisenbahnen aber benötigte man, um den Einwohnern Freizügigkeit innerhalb des damals schon riesigen Landes zu ermöglichen. Was also sollte man in solch einer Zwickmühle tun? Der US-Gesetzgeber zeigte sich innovativ: Er eröffnete die Möglichkeit, anstelle der Versilberung bzw. der Liquidation das schuldnerische Vermögen zu retten. Was damals Eisenbahn-spezifisch begonnen hatte, erweiterte sich 1978 in einem neuen Bankruptcy Code zu dem allgemein gehaltenen Chapter 11-Verfahren, das zwischenzeitlich buchstäblich weltweit Nachahmer gefunden hat, so auch in Deutschland. Dort heißt es

„Planverfahren", ist eben erstmalig in der Insolvenzordnung geregelt und erfreut sich auch hier einer gewissen Beliebtheit.

Nun ist zunächst einmal erklärungsbedürftig, was hinter dieser wahrhaft wundersamen Wandlung innerhalb des Insolvenzrechts stecken mag. Für viele, viele Jahrhunderte haben die Gläubiger ihren Schuldner nach Maßgabe der gesetzlichen Vorgaben malträtieren dürfen bis hin zur Tötung. Und jetzt – mit einem Mal: Die Gläubiger helfen ihrem Schuldner dabei, finanziell wieder auf die Beine zu kommen! Und das geschieht nicht nur hier in Deutschland, sondern praktisch auf der ganzen Welt. Und diese Kehrtwende um 180 Grad erfolgt innerhalb einer – historisch gesehen – atemberaubend kurzen Zeit von nur wenigen Jahrzehnten. Es fällt schwer, darin (wie auch in der durch die Insolvenzordnung neu eingeführten und ebenfalls dem US-amerikanischen Vorbild nachempfundenen Restschuldbefreiung für Verbraucher) eine Wandlung der Menschen hin zum ethisch Guten erkennen zu wollen. Angesichts des sonstigen Verhaltens eben dieser Menschen in anderen Bereichen sollte man sich da wohl besser keinen Illusionen hingeben, sondern lieber nach plausibleren Erklärungen suchen.

Als solche drängen sich ökonomische Gründe auf. Die Wirtschaftshistoriker klassifizieren die bisherige Entwicklung der menschlichen Wirtschaftsaktivitäten nach Sektoren. Der Primärsektor, auch als Urproduktion bezeichnet, ist Landwirtschaft, Fischerei usw. Der nachfolgende zweite Sektor ist der des produzierenden Gewerbes, während die etwa Mitte des letzten Jahrhunderts einsetzende Welle der Dienstleistungen als tertiärer Sektor, oder eben auch Dienstleistungssektor, bezeichnet wird. Dieser letzte Wandel korrespondiert in zeitlicher Hinsicht also recht gut mit dem Auftreten der Sanierungsoption. Diese Parallelisierung führt zu einer einleuchtenden Hypothese, wenn man sich überdies vergegenwärtigt, dass es beim Insolvenzrecht letzten Endes immer darum geht, dass die Gläubiger eines Schuldners ihre Forderungen bestmöglich erfüllt bekommen wollen. Sie sind also immer auf der Suche nach

Vermögenswerten ihres Schuldners, die sich zu Geld machen lassen, um damit die offenen Forderungen der Gläubiger wenigstens partiell begleichen zu können. Im produzierenden Sektor sind das, pauschal gesprochen, Mobilien, Immobilien und Forderungen. Schon das über 2000 Jahre alte römische Recht hat uns gelehrt und gezeigt, wie diese Vermögensgüter zu Geld transformiert werden können – durch Verkauf. Damit korrespondiert die Liquidation, die, wie schon wiederholt erwähnt, letzten Endes nichts anderes als ein mit Besonderheiten versehener Verkaufsprozess ist.

Im Dienstleistungssektor ist das mit dem Verkauf dagegen schwierig. Denn da zählen viel persönlichere Qualitäten und Fähigkeiten als Maschinen, Grundstücke und ein dickes Bankkonto zu den maßgeblichen Erfolgsfaktoren. Da geht es vornehmlich um so etwas wie Know-how, um Good-will, um Charisma und dergleichen mehr. All das lässt sich, wenn überhaupt, schwerlich ohne aktive Beteiligung des Dienstleisters zu Geld machen. Wie also lassen sich diese so personenbezogenen Werte zu Gunsten der Gläubiger einsetzen? Ganz einfach – indem die Gläubiger dem Schuldner wieder auf die Beine helfen, damit er künftighin im Geschäftsleben wieder erfolgreich agieren, Geld verdienen und davon seine offenen Forderungen begleichen kann. Das dürfte der wahre Grund dafür sein, dass es heute so gut wie überall auf der Welt neben der insolvenzrechtlichen Liquidation auch die Option der Sanierung des Schuldners gibt. Es entspricht in einem wirtschaftlichen Umfeld mit stark gewachsenem Dienstleistungssektor schlichtweg den ureigenen ökonomischen Interessen der Gläubiger, dass sie ihrem Schuldner zu einem Neuanfang verhelfen.

Diese Überlegungen zur Parallelisierung der Geschichte der ökonomischen und der insolvenzrechtlichen Entwicklungen provozieren übrigens geradezu die spannende Frage, um welche weitere Option denn das künftige Insolvenzrecht anzureichern sein wird, wenn es um den bereits jetzt schon von einigen Ökonomen propagierten quartären Wirtschaftssektor geht? Dessen Spezifikum soll das Wissen sein. Wie lässt sich dieser beim Schuldner vorhandene

Wert seincs Wissens für seine Gläubiger in Geld umwandeln? Das ist eine heute noch weitgehend offene Frage.

Mit der Sanierungsoption des neuen Insolvenzrechts geht aber noch eine weitere Besonderheit einher, um derentwillen die Ausführungen über deren Sinn und Zweck gerade in diesem Abschnitt über Holzmann stehen. Denn statt sich publikumswirksam, im Ergebnis dann aber halt doch vergeblich in den Lauf der Dinge einzumischen, hätte Bundeskanzler Schröder bei hinreichender Information schlankweg auf die gerade neu eingeführte Sanierungsoption des Planverfahrens verweisen können. Denn wie auch das Vorbild des Chapter 11-Verfahrens stellt sein deutsches Pendant, das Planverfahren, im Grunde genommen nichts anderes als eine „invitation to negotiation", also eine Einladung zu Verhandlungen, dar. Das Regelwerk enthält so gut wie keinerlei inhaltliche Vorgaben; ob also die Laufzeiten der Kredite verlängert werden, ob die Zinsen oder die Hauptforderung gesenkt werden, ob eine Kombination davon erfolgen oder sonstige Änderungen vorgenommen werden sollen, ist allein den Vereinbarungen zwischen Schuldner und seinen Gläubigern überlassen. Gesetzlich geregelt ist stattdessen nur ein mehr oder minder strikt einzuhaltender Verhandlungsablauf – mit der kleinen, aber wichtigen Besonderheit, dass zu einer schließlichen Annahme des Änderungsvorschlags nicht mehr die Zustimmung eines jeden einzelnen Gläubigers erforderlich ist, sondern dass dafür eine qualifizierte Mehrheit genügt.

Der dahinter steckende Gedanke ist schlicht und einfach: Sollen doch die Betroffenen selbst ihren Schlamassel in den Griff bekommen. Ein paar Jahre nach der Holzmann-Pleite, 2009, hat Präsident Obama in den USA genau darauf rekurriert, als er den Hilferufen des Autogiganten General Motors entgegengehalten hat, die sollten sich mit Hilfe des Insolvenzverfahrens gesundschrumpfen. Wenn Schröder kundige Berater gehabt hätte, hätte er sich mithin die Holzmann-Schlappe ersparen können – noch dazu mit dem Hinweis, dass ein Blick in das neue Gesetz genügen würde.

Der Vollständigkeit halber soll hier noch eine letzte Besonderheit der Sanierungsoption erwähnt werden, zumal darauf ebenfalls schon anlässlich des Borgward-Geschehens verwiesen worden ist. Da wurde von dem (in jenem Verfahren ein weiteres Mal bestätigten) Erfahrungssatz berichtet, dass der Schaden für die Gläubiger umso größer wird, je länger der Schuldner mit dem Antrag auf Eröffnung eines Insolvenzverfahrens zuwartet. Infolgedessen bemüht sich das Recht darum, Anreize zur möglichst frühen Antragstellung zu setzen. Das deutsche Recht ist bei solch einem Zuckerbrot-Angebot allerdings nicht so konsequent wie insbesondere das US-amerikanische. Da muss nicht einmal ein Insolvenzeröffnungsgrund wie Zahlungsunfähigkeit oder Überschuldung vorliegen – mit der Folge, dass dort das Insolvenzverfahren gerne auch zu höchst egoistischen Zwecken sowohl auf Schuldner- wie auch auf Gläubigerseite eingesetzt, vielleicht in letzter Zeit zunehmend auch missbraucht wird. Das werden wir im allerletzten Kapitel dieses Büchleins noch einmal thematisieren.

Wie auch immer, das Zuckerbrot Sanierung jedenfalls hat Deutschland von den USA übernommen. Auch wenn hier das Umfeld und damit die innere Haltung zu dem Phänomen eines Insolvenzverfahrens ein anderes ist und, soweit bekannt, noch kein Deutscher sein Kind „Planverfahren“ genannt hat (in den USA sollen tatsächlich einige auf den Namen „Chapter eleven“ registriert sein), signalisiert die Sanierungsoption dem Schuldner, dass sein Unternehmen gerettet werden kann; und dass die Chancen dafür umso größer sind, je früher das Verfahren eingeleitet wird. Als zusätzlichen sweetener hat das Insolvenzrecht auch noch das US-Konzept des debtor in possession im Angebot, von dem bereits im vorigen Abschnitt die Rede war.

Zusammenfassend ergibt sich aus all dem Voranstehenden, dass Sinn und Zweck der Sanierungsoption ist, Schuldner und Gläubiger möglichst frühzeitig an den Verhandlungstisch zu bringen, um sich gemeinsam über einen Weg aus dem Schlamassel zu verständigen. Gegenüber den Verhandlungen, die nahezu jeder Schuldner rein tatsächlich vor dem Gang zum Insolvenzgericht mit seinen Gläubigern führt, um das Schreckensszenario der Insolvenz abzuwenden, haben die Verhandlungen innerhalb des Insolvenzverfahrens den massiven Vorteil, dass sie nicht von der einstimmigen Billigung aller Gläubiger abhängig sind, sondern dass es reicht, wenn eine qualifizierte Mehrheit die Zustimmung erklärt. Damit lassen sich insbesondere diejenigen Gläubiger ausspielen, die man neudeutsch als „holdouts" bezeichnet, altdeutsch als „Trittbrettfahrer" (oder auch „Akkordstörer") und die mit durchaus korrekter Argumentation auf voller Erfüllung ihrer Forderungen insistieren, während die überwiegende Mehrheit ihrer Kompagnon-Gläubiger zu einem Verzicht bereit ist.

Ein Nebenzweck des Sanierungsverfahrens besteht in der (etwa von US-Präsident Obama erkannten) Entpolitisierung von Insolvenzfällen. Seit Einführung der neuen Option kann jeder Politiker dem Drängen von großen und prominenten Schuldnern mit der Bitte um Hilfeleistung in der Krisensituation entgegenhalten, dass das Gesetz genau dafür eine gleichsam maßgeschneiderte Regelung enthält. Übrigens – genau dieses Argument kann seit 2021 mit noch mehr Nachdruck eingesetzt werden. Denn da ist in Gestalt eines präventiven Restrukturierungsrahmens eine weitere Regelung eingeführt worden, die eine Mehrheitsentscheidung sogar schon vor einem Insolvenzverfahren ermöglicht. Darauf werden wir im Eterna-Fall weiter unten ausführlicher zu sprechen kommen.

Wann Liquidation, wann Sanierung?

Theoretisch lässt sich die hier adressierte Fragestellung leicht klären: Ein Insolvenzverfahren sollte dann zur Liquidation führen, wenn das Unternehmen kein zukunftstaugliches Konzept hat oder wenn es aus sonstigen Gründen nicht in der Lage sein sollte, sich nachhaltig am Markt zu behaupten. Wie schon erwähnt, das Entstehen von Zombies am Markt soll ausgeschlossen werden. Angesichts des vielleicht etwas martialisch daherkommenden Begriffs „Liquidation" ist es vielleicht gut, noch ein weiteres Mal daran zu erinnern, dass damit ein Verkauf gemeint ist – Verkauf des Unternehmens vielleicht als Ganzes, vielleicht auch nur in einzelnen Betrieben oder Betriebsteilen oder vielleicht jedes einzelne Teil Stück um Stück; und bei einer Gesamtübertragung besteht überdies die Wahl zwischen einem *asset deal*, bei dem das Vermögen an den unternehmerischen Gegenständen auf den Käufer übertragen wird, und einem *share deal*, bei dem die Anteile an dem Unternehmen den Inhaber wechseln. Also – Liquidation bedeutet nicht etwa eine Elimination, sondern ein Fortgang in anderen Händen.

Wenn das in Frage stehende Unternehmen jedoch auch nach einem Insolvenzverfahren nachhaltig weiterwirtschaften kann, dann ist die Sanierung das richtige Mittel der Wahl. So einfach ist das!

Aber – wie setzt man diese schlichte Logik in verfahrensmäßige Form um, so dass das Gesetz möglichst passgenau in jedem Fall genau die adäquate Lösung zur Anwendung bringt? Damit kommen wir zur praktischen Seite der Fragestellung, die hier mit massiven Schwierigkeiten zu kämpfen hat. Denn wie will man wissen, welches Unternehmenskonzept nachhaltig bzw. zukunftsfähig ist? Da ist wieder die Sache mit den Prognosen im Spiel, die nun einmal die Zukunft betreffen und daher mit riesigen Unsicherheiten behaftet ist. Wohlgemerkt, die Ökonomen haben dieses schillernde Zukunftsgelände mit beeindruckend trickreichen Methoden zu klären und prognostizierbar zu machen versucht. Die dadurch zu gewinnenden Einsichten sind mit Sicherheit deutlich aussagekräftiger als das Studium des Fluges der Vögel oder der Leber eines geschlachteten Tiers – darauf hatten sich die antiken Römer gestützt. Jedoch, Unsicherheiten verbleiben unweigerlich. Infolgedessen hat es immer etwas Altkluges an sich, wenn im nachhinein festgestellt wird, dass der dann tatsächlich eingetretene Verlauf der Ereignisse doch jedem hätte klar sein müssen. Man nennt diese Klugsprecherei technisch *hindsight bias*.

Wie also soll das Gesetz mit dieser Ungewissheit umgehen? Soll im Insolvenzverfahren erst einmal ein Gutachten eingeholt werden, das sich explizit zur Nachhaltigkeit dieses Schuldners äußert? Das wäre gewisslich eine Option. Allerdings führt sie automatisch zur Verteuerung, weil auch so ein Ökonom das Gutachten nicht aus Nächstenliebe, sondern um des Broterwerbs willen erstellt. Infolgedessen hat sich das Gesetz für einen anderen Weg entschieden, nämlich die Weichenstellung den Betroffenen zu überlassen.

Unter der Ägide der alten Konkursordnung war der entsprechend Betroffene der Schuldner. Nachdem die Konkursordnung 1879 in Kraft getreten war, hatte der Gesetzgeber nach einigen Jahrzehnten ein Einsehen mit den vielfach vorgetragenen Anregungen, Klagen und Aufforderungen der Praktiker, dass auch ein Verfahren geschaffen werden sollte, das nicht zur automatischen Auflösung des Schuldners führt, sondern dessen Fortbestand ermöglicht. Geschaffen wurde im Jahr 1935 die Vergleichsordnung, mit deren Hilfe sich der Schuldner sollte retten können. Diesem Verfahrenstyp waren wir bereits oben bei dem Herstatt-Zusammenbruch begegnet. Vorausgesetzt war, dass der Schuldner seinen Gläubigern mindestens 35% ihrer Forderungen begleichen konnte, und dass er sich als Schuldner, etwas salopp gesagt, anständig aufgeführt und nichts hatte zuschulden kommen lassen. Kurzum, dieses Gesetz war ein Flop und wurde dementsprechend denn auch 1999 wieder abgeschafft bzw. durch die Insolvenzordnung ersetzt.

Wie auch immer, unter der Ägide der Vergleichsordnung jedenfalls war es allein dem Schuldner vorbehalten, diese Option zu wählen. Ihm standen also gleichsam zwei Türen zur Verfügung, durch die er mit seinem schlingernden Unternehmen gehen konnte: entweder in den Raum der Rettung, indem er einen Vergleichsantrag bei Gericht stellte, oder in den der Liquidation, wenn er gleich einen Konkursantrag stellte. De facto sind unter diesen Umständen natürlich jede Menge Vergleichsanträge gestellt worden, bei denen sich dann aber in den allermeisten Fällen recht schnell herausgestellt hatte, dass die erforderlichen 35% in völlig unerreichbarer Ferne waren. Dann wurde das Vergleichsverfahren im Handumdrehen in ein Konkursverfahren übergeführt. Die Anträge waren deswegen gestellt worden, weil die Hoffnung bekanntlich immer als letztes stirbt, oder weil der Schuldner einfach nur Zeit schinden wollte.

Die Insolvenzordnung geht demgegenüber ökonomisch ein wenig schlauer vor. Sie macht die Gläubiger zu den entscheidungsbefugten Weichenstellern bzw. Türenöffnern. Wie wir schon einmal zuvor angesprochen haben, kann man ja ohne Übertreibung sagen, dass der Schuldner ab dem Moment, zu dem er den durch die Eröffnungstatbestände (Überschuldung bzw. Zahlungsunfähigkeit) markierten Rubikon überschritten hat, mit dem Geld seiner Gläubiger arbeitet. Jeder weitere Verlust mindert deren Befriedigungsquote. Infolgedessen sollen es auch die Gläubiger sein, die darüber entscheiden, ob sie ihrem Schuldner Zukunftsfähigkeit zutrauen oder nicht.

Das sieht verfahrenstechnisch so aus, dass der Schuldner jetzt nur noch eine einzige Tür hat, durch die er mit seinem schlingernden Unternehmen treten kann. Durch diese Tür gelangt der Schuldner in das Insolvenzverfahren. Da schaut sich der Insolvenzverwalter (neben vielen weiteren Aufgaben, die er zu erledigen hat) das Unternehmen und insbesondere dessen Zustand an. Etwa drei Monate nach Eröffnung des Verfahrens kommen dann die Gläubiger zusammen und hören sich den Bericht des Insolvenzverwalters an. Und genau auf der Grundlage dieses Berichts sind sie es dann, die die Entscheidung treffen, ob es in Richtung Liquidation oder in Richtung Sanierung gehen soll.

Natürlich gibt es auch bei diesem hier recht schlicht vorgetragenen Verfahrensabschnitt jede Menge an Modifikationen, an Komplikationen und an Fallstricken. Doch grosso modo zeigen die gemachten Erfahrungen, dass die von der Insolvenzordnung gewählte Weichenstellung die besser geeignete zu sein scheint. Dass aber auch sie nicht das ganz Gelbe vom Ei ist, erkennt man allein schon daran, dass etwa dann, wenn zu den Gläubigern des Schuldners auch Konkurrenzunternehmen gehören sollten, diese mit großer Gewissheit für die Liquidation stimmen werden, um eben einen Konkurrenten loszuwerden. Ökonomische Nachhaltigkeitserwägungen spielen bei dieser Entscheidung dann natürlich überhaupt keine Rolle.

Abbildung 6. FlowTex.

Der Traum vom ewigen Beweger:

FlowTex

Die Geschehnisse

Die FlowTex Technologie GmbH & Co. KG hatte als Geschäftsgegenstand den Leitungsbau, dessen Besonderheit darin besteht, dass sich Bohrmaschinen horizontal durch den Boden durcharbeiten und damit eine ungleich aufwändigere und folglich auch teurere Aufgrabung entlang des Leitungsverlaufs entbehrlich machen. Was man für solch ein Unternehmen, das entsprechende Bohrsysteme veräußern will, freilich unbedingt benötigt, sind eben diese Bohrmaschinen. Und mit dieser an Banalität eigentlich kaum zu überbietenden Feststellung landet man genau dort, wo sich um die letzte Jahrhundertwende der bis dahin größte Fall von Wirtschaftskriminalität in Deutschland abspielte.

Aber wiedermal der Reihe nach: Am Beginn der Entwicklung steht der US-amerikanische Think Tank Electric Power Research Institute (EPRI) in Palo Alto, in dem auch heute noch unabhängige Forschung dazu betrieben wird, der Allgemeinheit weltweit „clean, safe, reliable, affordable, and equitable access to electricity" zu ermöglichen – also sicheren, zuverlässigen, erschwinglichen und fairen Zugang zu Elektrizität. Dieses EPRI startete 1978 ein Forschungsprojekt, in dem es um Verbesserungen bei der Verlegung von elektrischen Leitungen ging. Die Forschungen mündeten in die Gründung einer Gesellschaft FlowMole (später umbenannt in UTILX), die die entsprechenden Horizontalbohrmaschinen entwickelte und mit deren Hilfe die (Neu-)Verlegung von elektrischen Leitungen erheblich vereinfachte.

Genau dieses Geschäftsmodell übernahm das 1994 von Manfred („Manni") Schmider und Klaus Kleiser gegründete deutsche Unternehmen. Es erwarb eine Lizenz für das Patent und stellte damit im Laufe seiner kurzen Existenz, nämlich von 1994 bis 2000, insgesamt 270 Bohrmaschinen her. Der freilich ebenfalls nur kurzfristige Gewinn resultierte daraus, dass das Unternehmen mehr als zehnmal so viele Maschinen, genauer: 3142 verkaufte; der Stückpreis betrug ca. 1,5 Millionen DM. Das klingt stark nach dem, was in Fachkreisen als Schneeballsystem bezeichnet wird – und es war auch eines, und zwar ein besonders großes. Der Name bezieht sich auf einen anfangs kleinen Schneeball, den man den Hang runterschubst, und der im Kullern größer und größer wird. Das System erfreut sich seit eh und je weltweit großer Beliebtheit, und es fallen immer wieder aufs Neue auch höchst honorige und intelligente Menschen darauf rein. Wenige Jahre nach der Flow-Tex-Pleite in Deutschland waren die USA mit dem Börsenhändler Bernard Madoff wieder einmal in ganz großem Stil dabei – der Schaden dort betrug etwa 65 Milliarden $.

Die Vorgehensweise von Manni Schmider bzw. FlowTex war nicht unkompliziert, was sich auch in der Struktur des recht unübersichtlichen Konzerns mit teils fingierten Firmen widerspiegelt. Das war offenbar nicht von Anfang an so geplant gewesen, doch das Geschäftsmodell übte einen unstillbaren Sog zum Immer-Größer und Immer-Mehr aus. Der Beginn war so, dass das Geschäft nicht so richtig in die Gänge kam; die Nachfrage nach derartigen Bohrsystemen war überschaubar. Ein solches, nahezu jedem Unternehmer vertrautes Szenario führt naturgemäß über kurz oder lang zu Liquiditätsproblemen, was allerdings dem gerne auf sehr großem Fuß lebenden Manni Schmider übel aufstieß.

Um an Geld ranzukommen, verkaufte er die Bohrmaschinen, die er hatte, an Banken und Leasinggesellschaften, um sie im gleichen Atemzug wieder zurückzuleasen. Das ist ein gängiges Vorgehen – sale and lease-back genannt –, mittels dessen man vorhandene Vermögenswerte kurzfristig zu Geld machen kann, ohne sie weggeben zu müssen. So wie beispielsweise das Stadion im Besitz – Achtung: nicht auch im Eigentum! – des verkaufenden und zurückleasenden Vereins bleibt, musste FlowTex die vorhandenen Bohrmaschinen nicht aus der Hand geben. Für die Unterlagen war es allerdings wichtig, dass nicht immer Bohrmaschinen mit jeweils derselben Seriennummer verkauft wurden. Denn üblicherweise will ein Käufer den gekauften Gegenstand auch einmal mit eigenen Augen gesehen und im Vertrag präzise dokumentiert haben, was genau er gekauft hat und was ihm dann ja auch gehören soll. Aus diesem Grund fälschte man bei FlowTex ein ums andere Mal die Seriennummern der vorhandenen Bohrmaschinen. Die Folge war, dass es am Ende 3142 verschiedene Seriennummern gab für 270 real existierende Maschinen.

Es kommt hinzu, dass entsprechende Verkäufe auch in den Geschäftsunterlagen verbucht worden waren, selbst wenn der Verkauf noch gar nicht zustande gekommen war; sie wurden sogar in den Büchern belassen, auch wenn der Verkauf gar nicht zustande kam. Denn volle Geschäftsbücher dokumentieren Nachfrage, und je größer die Nachfrage, desto leichter ist die Kreditaufnahme. Weil es aber nun einmal jeder sale and lease-back mit sich bringt, dass in regelmäßigen Abständen die Leasinggebühren entrichtet werden müssen, müssen immer neue „Verkäufe" hinzukommen. Und damit ist man genau beim Schneeballsystem mit dem für seinen Fortbestand unabdingbaren Vergrößerungs- und Ausdehnungszwang. Am Ende war der angerichtete Schaden groß genug – ca. 2 Milliarden Euro –, um FlowTex zu dem bis dahin größten Betrugsfall in Deutschland werden zu lassen.

Dass es aber überhaupt zu einem Ende dieser Betrügereien gekommen ist, ist beschämenderweise nicht etwa Ergebnis hiesiger Aufklärungsarbeit. Die Wirtschaftsprüfer-Gesellschaft, aber auch die deutschen Behörden haben sich – um es einmal sehr diplomatisch auszudrücken – in diesem Fall wirklich nicht mit Ruhm bekleckert. Aber auch über die Behörden hinaus: Viele Geldgeber und viele Profiteure haben über Vieles hinweggesehen bzw. nicht sehen wollen; und die Baden-Württembergische Hautevolee insgesamt hatte es sich noch wenige Monate vor der Verhaftung Schmiders angelegen sein lassen, zu dessen 50. Geburtstag auf seinem prachtvollen Anwesen ein glänzendes Fest zu feiern. Wie dem auch sei – das Schneeballsystem von FlowTex brach deswegen in sich zusammen, weil spanische Prüfer herausgefunden und sofort der Oberfinanzdirektion in Karlsruhe mitgeteilt hatten, dass eine bereits 1992 pleite gegangene und seither nicht mehr existierende spanische Firma in der Folgezeit 1553 Bohrsysteme an FlowTex geliefert haben sollte. Gut eine Woche später wurden dann Schmieder und Kleiser in Untersuchungshaft genommen, wo sie alles gestanden.

In der Folge kam es zu einer Vielzahl von Straf- und Zivilprozessen (auch gegen Betriebsprüfer des Finanzamts), zu Rücktritten zweier Landesminister, zur Einsetzung eines Untersuchungsausschusses; das ganze Geschehen gab den Stoff für ein Musical und einen Fernsehfilm; und es wurde auf Antrag der Sparkasse Bremen am 8. Februar 2000 ein Insolvenzverfahren eröffnet, bei dem die allgemeinen, ungesicherten Gläubiger am Ende des Tages eine Befriedigungsquote von ca. 5% erhielten.

Hintergründe und Analysen

Man beginnt diesen Abschnitt am besten mit einem der vielen Menschheitsträume. Seit unvordenklichen Zeiten bemühen sich Tüftler und Phantasiemeister darum, nun doch endlich mal ein *perpetuum mobile* zu erfinden. Das ist ein Gebilde, das sich aus eigener Kraft bzw. eigenem Antrieb ewig selbst am Laufen erhält – es soll sich ewig bewegen wie beispielsweise eine Pumpe, die Wasser hochhievt, um einen Teil davon dann wieder als Antrieb für die Pumpe nutzen zu können. Unfassbar viel Energie, Phantasie und Geld ist in die entsprechenden Versuche und Konstruktionen gesteckt worden, um vielleicht doch noch den entscheidenden Trick eines solchen, sich selbst genügenden Apparats zu entdecken. Die Physiker haben jedoch bewiesen, dass diese Versuche im physikalischen Bereich vergeblich sind, weil sich offenbar immer und zwingend einer der thermodynamischen Hauptsätze dem gefundenen Ergebnis gegenüber querlegt.

Damit ist der Traum freilich nicht erledigt. Denn im Areal des Juristischen gelten die thermodynamischen Hauptsätze bekanntlich nicht. Infolgedessen ist hier auch noch nicht der Beweis eines zwingenden Scheiterns erbracht worden. Man kann allenfalls auf Einzelfälle verweisen, von denen die FlowTex-Insolvenz nur einer von vielen ist. Bernard Madoff hatten wir bereits mit seinen ca. 65 Milliarden $ Schadenssumme erwähnt. Einer seiner Vorgänger – der, nach dem das Schnellballsystem in den USA benannt ist, Charles Ponzi –, war da um 1920 mit ca. 200 Millionen $ noch vergleichsweise harmlos; FlowTex liegt folglich mit der Schadensgröße von ca. zwei Milliarden € allenfalls im internationalen Mittelfeld.

All deren gemeinsame Idee von einem funktionierenden *perpetuum mobile* firmiert hierzulande unter dem Begriff des Schneeballsystems. Was darunter zu verstehen ist, ergibt sich aus der etwas verklausulierten Sprache des Gesetzes als: „Wer es im geschäftlichen Verkehr selbst oder durch andere unternimmt, Nichtkaufleute zur Abnahme von Waren, gewerblichen Leistungen oder Rechten durch das Versprechen zu veranlassen, sie würden entweder von dem Veranlasser selbst oder von einem Dritten besondere Vorteile erlangen, wenn sie andere zum Abschluss gleichartiger Geschäfte veranlassen, die ihrerseits nach der Art dieser Werbung derartige Vorteile für eine entsprechende Werbung weiterer Abnehmer erlangen sollen." Hinter dieser Definition steht in dem betreffenden Paragraphen dann eine Strafandrohung von bis zu zwei Jahren Freiheitsstrafe. Also gilt gerade diese Strafandrohung dann nicht, wenn solch ein Verhalten gegenüber Kaufleuten an den Tag gelegt wird, was freilich nicht automatisch damit gleichzusetzen ist, dass es nicht rechtswidrig wäre – oder doch sehr schnell werden kann. Das zeigt die FlowTex-Pleite.

Es geht beim Schneeballsystem mithin darum, dass jemand davon überzeugt wird, dass er einen Vorteil erlangen wird, wenn er mir etwas zahlt und sodann seinerseits Dritte davon überzeugt, dass sie ihm etwas zahlen, weil dann auch sie einen entsprechenden Vorteil erlangen, usw. usf. Notwendig ist dabei also immer, dass die Anzahl der anzuwerbenden Teilnehmer exponentiell wächst. Der versprochene Vorteil im Falle FlowTex waren die Bohrmaschinen; bei einem Verhältnis von 270 existierenden Maschinen gegenüber 3142 verkauften lässt sich ermessen, wie weit dieses exponentielle Wachstum schon vorangeschritten war, bevor dann Schluss mit *perpetuum*, also dem „ewig" war.

Im Nachhinein erscheint verwunderlich, dass es überhaupt so weit hat kommen können, dass mehr als 3000 Käufer gefunden wurden, die sich mit der Überlassung einer Seriennummer zufriedengegeben und dafür bezahlt haben. Es steht zu befürchten – genauer: es ist sehr gewiss –, dass auch zum gegenwärtigen Zeitpunkt eine Vielzahl an welche Versprechungen auch immer geknüpfte Schneeballsysteme aktiv sind. Wie schon erwähnt, es gibt nicht das „juristische Naturgesetz", das dieses *perpetuum mobile* zwingend zum Scheitern bringen würde. Es gibt stattdessen die menschliche Gier nach Gewinn und Vermögensvermehrung, die sich als Antrieb zu allen möglichen Torheiten schon seit Ewigkeiten und wohl auch in alle Menschenewigkeit hinein bestens bewährt hat bzw. bewähren wird. Dementsprechend erstrecken sich die Versprechungen im Rahmen der diversen Schneeballsysteme regelmäßig auch auf phantastische Gewinnmöglichkeiten.

Es wurde zuvor schon angedeutet, dass nicht alle *perpetua mobilia* zugleich Schneeballsysteme und als solche dann auch rechtswidrig sind. Wir werden weiter unten, im Kontext der dort zu thematisierenden Pleiten von Deutschland, auf ein weiteres juristisches *perpetuum mobile* zu sprechen kommen werden, das bislang noch funktioniert – und zwar schon bemerkenswert lange.

Eine weitere Besonderheit der FlowTex-Pleite ergibt sich daraus, dass es eben eine spanische Behörde war, die dem Wachstum des Schneeballs ein Ende bereitet hat. Dabei soll die Betonung weniger gerade auf „spanisch" liegen als vielmehr darauf, dass das Ausland eine Rolle spielt. Das soll hier zum Anlass genommen werden, auch diesen, in seiner praktischen Bedeutung nicht hoch genug zu hängenden Aspekt vieler Insolvenzverfahren zu thematisieren. Denn auch wenn Thema dieses Buches Pleiten gerade in Deutschland sind, heißt das keineswegs, dass nicht auch das Ausland und sein Recht eine Rolle spielen könnte.

Grenzüberschreitende Insolvenzen

Es ist viel von der Globalisierung der Wirtschaft die Rede. Da werden Produktionsstätten nach Lateinamerika oder nach Ostasien verlegt, da wird der Absatz in den USA oder in China vorangetrieben, da wird in afrikanische Raffinerien investiert und da wird die Diversifizierung auch im Inland nach Kräften vorangetrieben, weil es sich das hiesige Unternehmen schon allein aus Reputationsgründen gar nicht leisten kann, allein Deutsche als Arbeitnehmer anzustellen. Das ist die Seite der Globalisierung, die weithin bekannt ist. Weniger bekannt ist demgegenüber, was passiert, wenn die betreffenden Unternehmen pleite gehen; welches Recht gilt denn dann? Muss in einem indonesischen, chilenischen oder nigerianischen Insolvenzverfahren deutsches Recht angewendet werden, weil das betroffene Unternehmen eines ist, das „deutsch" ist – etwa weil es hier seinen Hauptsitz hat und einen deutsch klingenden Namen trägt?

Zur Antwort auf diese Frage könnte man weit ausholen; ein kleiner Überblick soll hier aber genügen. Er beginnt mit einer banalen Frage zu einem banalen Beispielsfall: Warum ist es keine gute Idee, einem italienischen Polizisten zur Rechtfertigung, dass ich gerade mit 200 km/h über die Autobahn zwischen Verona und Modena gedonnert bin, zu sagen, dass ich ein Deutscher bin und in Deutschland dürfe man (na gut: grundsätzlich) auf der Autobahn so schnell fahren, wie es das eigene Auto hergibt? Die Antwort ist, dass in Italien eigene Gesetze bestehen, die mit den deutschen nicht übereinzustimmen brauchen. Das seinerseits resultiert aus dem Grundfaktum der Souveränität eines jeden Staates. Danach ist jeder Staat befugt, diejenigen Regeln festzulegen, die auf seinem Territorium gelten und anzuwenden sind. Mit der Autobahnfreiheit ist also Schluss, sobald man die Grenze Deutschlands passiert hat. Diese Begrenzung nennen die Juristen Territorialitätsprinzip.

Jetzt kommt die vorliegend entscheidende Abänderung dieser banalen Frage: Wenn der Schuldner ein Deutscher ist und sein Geschäft etwa in Wilhelmshaven, Kiel, München oder Berlin betreibt, dabei aber ein schönes Häuschen auf Malle (Mallorca) sein eigen nennt und ein Konto in der Schweiz hat, und jetzt pleite geht; kann der deutsche Insolvenzverwalter auf das mallorcinische Grundstück und auf das schweizer Konto zugreifen? Das Territorialitätsprinzip bedingt, dass die Antwort „nein" lauten muss. Denn der deutsche Gesetzgeber hat keinerlei Kompetenz dazu, dem hiesigen Insolvenzverwalter zu gestatten, auf Vermögenswerte im Ausland zuzugreifen. Was er dort tun darf oder nicht tun darf, können und dürfen in unserem Fall allein der spanische und schweizer Gesetzgeber festlegen.

Im Falle eines Insolvenzverfahrens ist dieses Territorialitätsprinzip allerdings eine wirklich ungute Sache. Denn der Anspruch eines Insolvenzverfahrens besteht ja gerade darin, eine Gesamtabwicklung vornehmen zu wollen und zu diesem Zweck alle Gläubiger mit all ihren Forderungen in einen Ausgleich mit dem gesamten Vermögen des Schuldners zu bringen. Wenn dieser Anspruch jedoch an der Staatsgrenze sein Ende finden sollte, wirkt das ja wie eine Einladung an jeden Schuldner, sein Vermögen (oder zumindest Teile davon) ins Ausland zu transferieren, wenn er seinen Gläubigern ein Schnippchen schlagen wollte. Und für besonders gut informierte Gläubiger ist dieser Transfer ins Ausland dann wieder eine prachtvolle Gelegenheit, nach der nur teilweisen Befriedigung im inländischen Insolvenzverfahren die noch offene Restschuld durch Zugriff auf die im Ausland belegenen Vermögenswerte ihres Schuldners zu begleichen. Das jedoch stellt eine eklatante Verletzung des zentralen Prinzips der Gleichbehandlung der Gläubiger dar, der anlässlich der Herrmann Tietz-Kaufhauspleite angesprochenen *par condicio creditorum*. Kurzum, das aufgrund der Staatensouveränität nun einmal vorgegebene Territorialitätsprinzip steht über Kreuz zu dem universalistischen Ansatz eines Insolvenzverfahrens.

Die große Frage des internationalen Insolvenzrechts lautet also, wie man ein Universalitätsprinzip kreieren kann, ohne das Territorialitätsprinzip zu verletzen? Viele Rechtsordnungen haben über lange Zeit vor dieser Herausforderung kapituliert und haben das reine Territorialitätsprinzip angewendet. Manchmal war man dagegen so dreist, für das eigenen Verfahren weltweite Geltung zu beanspruchen, einen entsprechenden ausländischen Anspruch aber kategorisch zurückzuweisen; die alte Konkursordnung war dafür ein markantes Beispiel. In den Zeiten der Hanse haben diverse, rechtlich je souveräne Anrainerstädte der Ostsee demgegenüber auch mal Verträge über eine gemeinsame Vorgehensweise abgeschlossen. Gleiches haben etwa vor knapp 200 Jahren die Schweiz bzw. einzelne Kantone mit den Königreichen von Bayern (1837) und Württemberg (1826) gemacht, vor gut 40 Jahren Deutschland und Österreich. Und das ist nur eine kleine Auswahl unzählig vieler insolvenzbezogener Staatsverträge.

Abstrakt formuliert, geht es bei der Beantwortung jener großen Frage darum, ob mein inländisches Verfahren im Ausland anerkannt wird. Anerkennung ist das Schlüsselwort. Und dabei geht es letzten Endes um Vertrauen. Genügt das ausländische Insolvenzverfahren, das auf meinem Territorium Wirkungen entfalten will, den von mir postulierten rechtsstaatlichen Anforderungen an solch ein Verfahren, oder bevorzugt es etwa „seine" Gläubiger gegenüber „meinen"? Das ist die Gretchenfrage des internationalen Insolvenzrechts. Unberechtigt ist sie keinesfalls, denn es gibt in der Tat auch heute noch in verschiedenen Ländern sehr dubiose Verfahren; sie können schlimmstenfalls die verhüllte Form einer

Enteignung annehmen. Wie wir schon oben angesprochen hatten (S. 35), musste vor nicht allzu langer Zeit der russische Oligarch Chodorkowsky genau diese Erfahrung mit seinem Yukos-Unternehmen machen.

Wenn sich also ein Gesetzgeber in diesem Kontext entscheiden muss, geht es darum, ob er überhaupt und wenn ja, wem er vertraut. Die Bandbreite ist natürlich groß: Es stehen dabei die Anerkennung etwa luxemburgischer Insolvenzverfahren oder solcher aus Nordkorea zur Debatte, solcher aus Nicaragua oder aus der Schweiz. Sollten all diese Länder in ihren Insolvenzgesetzen dem Universalitätsprinzip folgen und mithin Geltung über ihre eigenen Staatsgrenzen hinaus beanspruchen, muss sich der deutsche Gesetzgeber dazu verhalten, wie er auf diesen Anspruch – recht eigentlich handelt es sich dabei eigentlich nur um eine Bitte oder Aufforderung zur Anerkennung – reagiert. Das kann eine kategorische Ablehnung sein oder eine solche unter Vorbehalt; das kann eine kategorische Zustimmung oder eine solche unter Vorbehalt sein. Varianten gibt es viele, und man findet sie über den Globus verstreut allesamt vor.

Deutschland ist einer Entscheidung insoweit enthoben, als es auf der Ebene der Europäischen Union – mit Ausnahme Dänemarks, das wollte seinerzeit dabei nicht mitmachen – eine eigenständige Regelung gibt, die Europäische Insolvenzverordnung. Sie treibt wie mehrere andere Justizgesetze auch die insolvenzrechtliche Vergemeinschaftung so weit, dass es innerhalb dieses Areals eine automatische Anerkennung gibt. Zumindest im Grundsatz, Ausnahmen sind in wenigen Einzelfällen möglich. Es macht also für beispielsweise einen Gläubiger in Freiburg grosso modo keinen Unterschied mehr, ob sein Schuldner in ein Insolvenzverfahren schliddert in Hamburg oder in Porto, in Herakleion oder in Tallinn. Vor 220 Jahren übrigens war der innerdeutsche Fall, in dem ein Unternehmensteil in Freiburg, ein anderer in Hamburg war, noch ein Fall des internationalen Insolvenzrechts! Denn damals gab es bekanntlich noch keinen einheitlichen, deutschen Rechtsraum für das Insolvenzrecht.

Was die anderen Staaten anbelangt, also die Nicht-Mitgliedstaaten der EU, so hat der deutsche Gesetzgeber eine sehr anerkennungsfreundliche Haltung eingenommen. Er folgt dabei einem globalen Trend, wie er sich beispielsweise ähnlich in einem in über 50 Ländern der Erde bereits übernommenen Modellgesetz von UNCITRAL wiederfindet; es arbeitet also auch diese UN-Kommission an dem Thema; sie ist zuständig für das internationale Handelsrecht.

Natürlich ist das Wirkungsareal des internationalen Insolvenzrechts mit der Klärung dieser Probleme nicht einmal ansatzweise beschrieben; sie aber stellen die zentrale Weichenstellung hin zu einem eigenständigen Feld dar, auf dem die unterschiedlichsten Rechtsfragen geklärt werden müssen. Etwa wie sich das Heimatarbeitsrecht von Arbeitnehmern auswirkt, wenn sie ins Ausland versetzt oder verliehen sind und ihr Arbeitgeber oder auch der Verleiher pleite geht; wie die Steuerforderung eines anderen Landes im inländischen Verfahren zu behandeln ist (diese Frage war für Jahrhunderte einer der größten Stolpersteine für jegliche grenzüberschreitende Wirkung von Insolvenzverfahren); wie sich in multinationalen Konzern- oder Gruppenkonstellationen die Insolvenz eines oder mehrerer Konzernmitglieder auswirkt; welche Auswirkungen hat das eröffnete Insolvenzverfahren auf im Ausland belegene Grundstücke, an denen der Schuldner eine Sicherheit bestellt hat; usw. usf.

Statt diese und die unzähligen anderen Fragen hier abzuhandeln, soll der Hinweis genügen, dass es tatsächlich so etwas wie einen Insolvenztourismus gibt; alternativ sagt man dazu auch Forum Shopping, weil man sich wie beim Einkauf das passende Forum aussucht. Bis vor kurzem war es etwa gerade für deutsche Privatpersonen hoch attraktiv, ihr Privatinsolvenzverfahren in einem anderen Land (bevorzugt Frankreich, und dort gerne Elsass-Lothringen, oder England) durchzuführen. Der schlichte Grund war, dass dort die Restschuldbefreiung sehr viel früher eintrat als hierzulande. Allerdings war der dafür zu betreibende Aufwand nicht unerheblich. Dieser Restschuldbefreiungs-Tourismus hat sich jetzt jedoch weitgehend gelegt nicht nur wegen des Brexit, sondern auch, weil Dank einer europäischen Regelung eine Dreijahresperiode nunmehr der allgemeine, europaweite Standard ist. Ein ähnlicher Tourismus existiert aber nach wie vor bei nicht wenigen Gesellschaften; die Juristen nennen diese Kategorie „Bestattungsfälle“. Da wird eine GmbH etwa in den kompletten, also völlig masselosen Ruin getrieben (was im Klartext natürlich zu Lasten der Gläubiger geht) und dann an einen Ort weitab von der ursprünglichen Wirkungsstätte verlegt, so dass das dortige, mit der Vorgeschichte regelmäßig unvertraute Insolvenzgericht nur noch die Nichteröffnung des Verfahrens mangels Masse beschließen und verlautbaren kann; die Gläubiger an der ursprünglichen Wirkungsstätte kriegen davon regelmäßig nichts mit, und genau das ist der Zweck dieser „Bestattungsart“.

Eine weitere Variante des Tourismus sieht so aus, dass Firmen, die zur Verhinderung eines Insolvenzverfahrens eine Restrukturierung ihrer Verbindlichkeiten betreiben wollen oder müssen, sich ein für sie vorteilhaftes Recht aussuchen. Für diesen Tourismus gibt es sogar zwischenzeitlich einen geradezu eigenständigen Markt. So war es schon ab Ende der achtziger Jahre des letzten Jahrhunderts geradezu weltweiter Standard, dass man versuchte, sein Verfahren in den USA durchziehen zu können. Das Chapter 11-Verfahren war so etwas wie ein Freiheitssignal für viele Unternehmen in der Krise. Das hatte (und hat) vielerlei Gründe, die alle mehr oder minder dadurch determiniert sind, dass der Zweck des US-amerikanischen Insolvenzrechts darin liegt, dem Schuldner einen Neustart zu ermöglichen. Aber auch das englische Recht ist bemerkenswert schuldnerfreundlich; dieser Umstand in Verbindung mit den prozeduralen Vorteilen der zuvor erwähnten automatischen Anerkennung, die die Mitgliedschaft in der EU mit sich bringt, führte dazu, dass der ganze Berufsstand der englischen

Restrukturierer und Insolvenzrechtler wohl mit die heftigsten „remainer“ auf der Insel gewesen sein dürften. Nachdem es aber gleichwohl zum Brexit gekommen ist, laufen seit 2020 dort auf den verschiedensten Ebenen die Bemühungen heiß, verlorenes Terrain wieder neu besetzen zu können. Und in Ostasien schickt sich Singapur seit ca. 10 Jahren dazu an, für die gesamte Region dort so etwas wie ein Restrukturierungs- und Insolvenzhub zu werden. Zu diesem Zweck werden die einschlägigen Gesetze in erstaunlicher Geschwindigkeit angepasst und flexibilisiert.

Kurzum, das heute insolvenzrechtsrelevante Geschehen bewegt sich keinesfalls mehr allein in den Grenzen Deutschlands; vielmehr überlegen sich die Berater bei etwas größeren Fällen regelmäßig, ob nicht ausländisches Recht bzw. Ausland mit einbezogen oder sogar vorgezogen werden sollte, ob das Unternehmen also nicht vielleicht ein Forum Shopping betreiben sollte. Vor diesem Hintergrund ist es natürlich bedeutsam, dass zumindest innerhalb der EU schon seit mehreren Jahren eine Verbesserung des wechselseitigen Informationssystems – auch der bzw. für die Gerichte – ansteht, um zu verhindern, dass etwa auch Gläubiger den Überblick verlieren und um Missbrauch wie in den Bestattungsfällen zu verhindern. Darüber hinaus bemüht sich die Kommission jetzt schon seit einigen Jahren darum, die Insolvenzgesetze der Mitgliedstaaten zu vereinheitlichen. Dann wird ein vielleicht einmal als ungerechtfertigt empfundenes Forum Shopping bereits im Keime erstickt, weil sich eine Verlagerung gar nicht lohnt, wenn die Rechtslage sowieso mehr oder minder einheitlich ist.

Zur historischen Abrundung des Tourismusthemas ist noch erwähnenswert, dass die heutigen Erscheinungsformen im Grunde genommen nichts weiter als Fortsetzungen uralter Gepflogenheiten sind. Wie schon einmal kurz im Zusammenhang mit dem Makel des Konkurses angesprochen (S. 31), war es naheliegend, dass Schuldner im Falle einer drohenden oder auch bereits eingetretenen Pleite geflohen sind. Die Aussicht, als Bankrotteure entweder in den Schuldturm geworfen oder gar hingerichtet zu werden, war schließlich nicht wirklich eine attraktive Zukunftsperspektive, auf deren Eintreten man wie ein Opferlamm warten wollte. Bereits im antiken Rom war daher der Begriff *fugitivus* ein Synonym für einen Pleitier. Und noch heute sehen einige Insolvenzgesetze dieser Welt die Flucht des Schuldners als einen Grund an, ein Insolvenzverfahren zu eröffnen.

Diese Gleichung Flucht = Insolvenz hatte übrigens über Jahrhunderte ganz unangenehme Konsequenzen für Kaufleute oder andere reisende Berufe. Denn sie mussten vor jeder Abreise in ihrer Nachbarschaft hinreichend überzeugend klarstellen, dass sie keineswegs zu fliehen gedachten, sondern um ihres Berufes Willen auf Reisen gehen. Mal so auf die Schnelle ab in den Urlaub, oder gar eine paar-monatige Auszeit andernorts zu nehmen, ist in einem solchen Rechtsumfeld natürlich ausgeschlossen.

Ein paar Gedanken zur Effizienz des Insolvenzrechts

Wenn das Gespräch von Nicht-Fachleuten einmal auf Pleiten und Konkurs- oder Insolvenzverfahren kommt, wird regelmäßig und ziemlich schnell übereinstimmend festgestellt, dass das alles viel zu teuer sei, und dass es allein die Insolvenzverwalter seien, die sich mit diesen Verfahren eine goldene Nase verdienten; und dass man allein schon deshalb einen Riesenbogen um diese ganze Sache machen sollte. Ist da was dran?

Die Antwort lautet: ja und nein. Aber schauen wir uns diesen Fragenkomplex einmal unter der größeren Überschrift der Effizienz etwas genauer an. Die alte Konkursordnung, die noch Jahrzehnte nach ihrem Inkrafttreten im Jahr 1879 als „Perle der Reichsjustizgesetze" gelobt worden war, hatte nach überstandenen zwei Weltkriegen, einer Hyperinflation und einer Weltwirtschaftskrise schließlich den gewandelten Wirtschaftsverhältnissen und den Ölpreisschocks Anfang der 70er Jahre des letzten Jahrhunderts nichts mehr entgegenzusetzen. Insbesondere waren die allesamt auf vertraglicher Grundlage bestehenden Kreditsicherheiten so zahlreich geworden, dass für die ungesicherten Gläubiger letzten Endes regelmäßig nichts mehr übrig geblieben war. Deswegen wurden sogar ungefähr drei Viertel sämtlicher Pleiten gar nicht erst durch ein Konkursverfahren geführt, weil nicht einmal mehr genügend Masse vorhanden war, um die Kosten des Gerichts und des Konkursverwalters zu bezahlen. Das verbliebene Viertel, das wenigstens zur Eröffnung eines Verfahrens geführt hatte, bescherte den ungesicherten Gläubigern eine durchschnittliche Befriedigungsquote von 3%; also 30 DM bei einer nominellen Forderung über 1000 DM! Toll ist das wirklich nicht.

Die gerade angesprochene Nichteröffnung mangels Masse, wie man das technisch nennt, ist nicht wirklich gut – auch wenn dann tatsächlich keine einzigen der beklagten Kosten anfallen. Denn dann kriegen die ungesicherten Gläubiger gar nichts; die gesicherten Gläubiger kriegen in etwa so viel, wie sie als Verkaufserlös ihrer Sicherheit erhalten, und der Schuldner behält den Rest, wenn er sich „geschickt" anstellt. Weil es ja in einem Nicht-Verfahren niemanden gibt, der als neutraler Kontrolleur nachprüft, welche Vermögenstransaktionen und –verschiebungen der Schuldner so im Vorfeld der Pleite angestellt hat, wird dieser angesichts einer Chance von drei zu vier für ein Nicht-Verfahren vielleicht doch nicht immer der Versuchung widerstehen können, die Transaktionen so auszurichten, dass er später wieder auf das Seine zugreifen kann. Und manch ein Gläubiger wird angesichts dieser Ausgangslage Druck ausüben, dass er noch schnell eine Sicherheit erhält, die ihm eigentlich nicht zusteht. Über die in solchen Fällen einem Verwalter eingeräumten Rückholmöglichkeiten unterhalten wir uns weiter unten (S. 158 ff.) noch einmal etwas ausführlicher. Hier genügt es, zur Kenntnis zu nehmen, dass in einem nicht eröffneten Verfahren regelmäßig nichts zurückgeholt wird und auch nicht werden kann. Und dass das im Kontext des Hermann Tietz-Kaufhauses vorgestellte faire Ausgangsprinzip der grundsätzlichen Gleichbehandlung aller Gläubiger, der *par condicio creditorum*, in derartigen Fällen naturgemäß nullkommagarkeine Rolle spielt.

Zurück jetzt aber zu den 3%, die es für die ungesicherten Gläubiger im Schnitt unter der Ägide der Konkursordnung gegeben hatte. Die empfand man als so erschütternd, dass man von einem Konkurs des Konkurses sprach. Dieses Bonmot mutierte zu einem Schlagwort, das gleichsam wie ein Fanal für die Schaffung eines neuen Gesetzes – eben der Insolvenzordnung – wirkte. Damit sollten wieder möglichst alle Pleiten in einem geordneten Verfahren abgewickelt, sie sollten also effizienter werden.

Dass das neue Gesetz ungleich besser etwa auf die modernen Gegebenheiten einer Dienstleistungsgesellschaft eingeht, haben wir bereits in einem eigenen Abschnitt bei der Holzmann-Pleite thematisiert. Was allerdings die durchschnittliche Befriedigungsquote der ungesicherten Gläubiger ansieht, stutzt man: ca. 3%! Das hat man vor ein paar Jahren jedenfalls für einen regionalen Teilbereich festgestellt; eine repräsentative Erhebung steht noch aus. Ist aber auch insoweit egal, als für die ungesicherten Gläubiger offenbar die Lage nach dem neuen Gesetz die gleiche ist wie unter dem alten. Da kann man dann tatsächlich schon auch auf die Idee kommen, dass man besser einen großen Bogen um das ganze rechtliche Pleitenzeug machen sollte.

Und doch – auch hier sollte man genauer hinsehen und den Blick einmal vom individuell Betroffenen auf das größere Ganze richten. Zum einen hat das neue Gesetz dazu geführt, dass jetzt nicht mehr nur 25% aller Pleiten in einem Verfahren abgewickelt werden, sondern über 90%. Das ist auf jeden Fall mal eine massive Effizienzsteigerung. Dann kommt aber auch bei der Insolvenzordnung hinzu, dass sie sich in einem verändernden Umfeld behaupten muss. Denn zwischenzeitlich sind die Anforderungen an Sanierungskonzepte dermaßen gesteigert worden, dass sich dies zwangsläufig in einer verringerten Masse widerspiegelt, die den Gläubigern zur Verfügung steht, falls es doch zur einem Insolvenzverfahren kommen sollte. Und Sanierungen streben praktisch alle Schuldner an; der Abscheu vor der Insolvenz ist viel zu groß, als dass nicht eine Rettung wenigstens versucht werden würde.

Bei größeren Unternehmen kommen als massefressende Umstände im Vorfeld einer Pleite noch weitere Umstände hinzu, allen voran moderne Vertragsklauseln in allen möglichen Darlehensverträgen. Sie erlauben den Gläubigern vielfach aufwändige – und damit teure – Kontrollmöglichkeiten, wenn die Entwicklung des Unternehmens mal nicht so gut ist. Da kommt dann schon mal eine ganze Kohorte von Anwälten und Prüfern ins Unternehmen und nimmt jede Menge Prüfungen vor und verlangt Auskunft hier und Auskunft dort. All das produziert Kosten en masse, und zwar für den Schuldner. Gleiches gilt erst recht, wenn das Unternehmen gar ein Insolvenzvermeidungsverfahren durchführt. Was das ist, werden wir unten im Kapitel über Eterna ansprechen. Auch das verschlingt nicht unbeträchtliche Summen, die in einem nachfolgend eventuell dann doch nötig werdenden Insolvenzverfahren negativ zu Buche schlagen.

Kurzum, die veränderten Umstände liegen zu weiten Teilen in neuen Rahmenbedingungen, die es zur Zeit der Abfassung des Gesetzes noch nicht, schon gar nicht im gegenwärtigen Ausmaß gegeben hatte. Was das Gesetz dagegen sehr wohl als Defizit erkannt hat und wogegen es anzugehen versucht hat, ist, Schuldner wie Gläubiger dazu zu bewegen, die Verfahren früher als auf den allerletzten Drücker einzuleiten. Wir hatten schon wiederholt angesprochen, dass eine Rettung oder doch eine für die Gläubiger bessere Situation umso wahrscheinlicher ist, je früher ein Verfahren eingeleitet wird. Da sind wir erneut beim Makel der Insolvenz, der als Bremser wirkt. Diese Vorstellung ist gleichsam in den Genen drin. Und es ist furchtbar mühsam und erfordert jede Menge Geduld, diese Vorstellung aus den Köpfen aller aktuell oder potentiell Betroffenen herauszubekommen. Solange das jedoch nicht der Fall ist, werden wir weiterhin in Deutschland massenhaft Insolvenzverfahren haben, die im Durchschnitt 3% an Befriedigungsquote anzubieten haben.

Und schließlich noch ein Wort über die Kosten eines Insolvenzverwalters. Vergleiche mit anderen Ländern sind außerordentlich schwierig, weil die Aufgabenbereiche je nach Gesetz völlig unterschiedlich ausgestaltet sind. Nach dem deutschen Recht jedenfalls ist der Verwalter die Zentralfigur mit Aufgaben, die von den Pflichten als Arbeitgeber, als Unternehmer, als Steuerpflichtiger über die Pflichten als Sammler allen verbliebenen Vermögens des Schuldners, als Kläger gegen nicht herausgabebereite Dritte bis hin zur Verantwortlichkeit für Umweltschäden oder strafrechtliche Delikte reichen. Und dann besteht bei alledem noch eine persönliche Haftung, die ab einer gewissen Größenordnung nur mehr partiell von der Versicherbarkeit gedeckt ist. Da stellt sich natürlich die Frage, was soll so einer verdienen? Diese Leute sollen ja schon auch gut sein, und sie brauchen einen Stab an Mit- und Zuarbeitern, um die Fälle einigermaßen schnell abwickeln zu können. Und man sollte bei allen Klagen über viel zu gut verdienende Verwalter nicht das psychologische Moment vergessen, dass die Klagenden diejenigen sind, die als betroffene Insolvenzgläubiger per definitionem Verluste einstecken müssen. Da wird der dicke Wagen des Verwalters schnell – und ungerechtfertigt – mal als zusätzlicher Verlustposten für die gerade erhaltenen, miesen 3% gegeißelt.

Abbildung 7. Firmenzentrale am Stadtrand von München in Dornach, Einsteinring 31.

Die schiere Unverfrorenheit:

Wirecard

Die Geschehnisse

Bekanntlich haben sich die olympischen Spiele auf Anregung ihres modernen Gründers Pierre de Coubertin dem Motto verschrieben: schneller, höher, stärker (*citius, altius, fortius*). Während das aber in der IOC-Satzung offiziell so verlautbart wird, scheint es das inoffizielle und nirgends ausgesprochene Anliegen des Marktes zu sein, seine Skandale einem vergleichbaren Wettbewerb auszusetzen. War FlowTex im deutschen Rechtskreis noch um die Jahrtausendwende Spitzenreiter in Ausmaß und Höhe des Schadens, stellt Wirecard diesen Rekord etwa 20 Jahre später völlig in den Schatten – und zwar in einem Maße, das im Bereich der olympischen Spiele an den Weitsprung von Bob Beamon 1968 in Mexico City erinnert, wo er den Weltrekord um zuvor nie für möglich gehaltene 55 cm verbesserte.

Die Wirecard AG wurde 1999 gegründet als ein Unternehmen, das Zahlungen von Porno- und Glückspielseiten im Internet abwickelte. Markus Braun war seit 2002 Vorstandsvorsitzender und baute zusammen mit dem seit 2010 für das operative Geschäft zuständigen Jan Marsalek den Geschäftsbereich in den nachfolgenden Jahren massiv aus – bis hin zum Erwerb einer Lizenz zum Betreiben einer Bank und bis hin zur Aufnahme in den Aktienindex der 40 größten und liquidesten deutschen Unternehmen: in den DAX. Knapp zwei Jahre später war es dann mit diesem Höhenflug allerdings vorbei, und es setzte am 25. Juni 2020 die Stunde (auch) des Insolvenzrechts ein.

Der Ausbau des Geschäftsbetriebs ging so vor sich, dass immer dann, wenn ein elektronischer Bezahlungsvorgang in Gang gesetzt wurde – sei es im Internet, sei es im Supermarkt an der Kasse –, Wirecard dafür sorgte, dass die Zahlung auch tatsächlich durchgeführt wurde und beim Empfänger ankam. Für diese Dienstleistung gab es eine Gebühr, die das Einnahmepotential von Wirecard war. Diese Einkommensquelle war hinreichend lukrativ, um sie nicht versiegen zu lassen, auch wenn äußere Umstände dagegen sprachen. Als 2006 der US-amerikanische Gesetzgeber Online-Glücksspiele verbot, blieb Wirecard gleichwohl dabei – nunmehr aber gleichsam im Untergrund und im illegalen Bereich. Das Unternehmen machte dort ein glänzendes Geschäft, etwa 90% des Profits. Und genau dieser Profit brach von einem Tag auf den anderen weg, als die US-Behörden 2011 die drei größten Betriebe des Online-Glückspiels beschlagnahmten.

Anstatt nunmehr eine massive Gewinnwarnung für die Öffentlichkeit auszusprechen, entschied man sich bei Wirecard offenbar dafür, den Schein aufrecht zu erhalten, was im Ergebnis nur ein anderes Wort für Betrug ist. Wenn man einmal auf diesem Pfad wandelt, befindet man sich sehr schnell in einem gefährlichen Gelände, das im Falle Wirecards in höchste Gefilde, nämlich den Dax, dann aber recht schnell in die niedrigen Gefilde von Gefängnis und Insolvenz geführt hat. Auf diesem Pfad wimmelt es nur so von obskuren, in vielen Fällen strafrechtlich relevanten Verhaltensweisen, von Warnungen von dritter Seite – hier ist insbesondere der sog. Zatarra-Bericht hervorzuheben –, von irritierend geschlossenen oder geblendeten Augen auf Seiten der Kontrolleure, von Komplexität als Schutzmechanismus und sonstigen Ungeheuerlichkeiten wie Beeinflussung von politischen Wahlkämpfen.

Um nur einen Strang dieses Geschäftsmodells aufzugreifen, noch einmal zurück zu den Internet-Zahlungsvorgängen. Sie wurden auch durchgeführt, wenn das Konto eines Zahlers einmal nicht gedeckt war. Für diese – natürlich nicht kostenfreie – Kreditierung hatte Wirecard eigene Treuhandkonten eingerichtet. Dafür benötigte das Unternehmen eine Bank – am besten eine eigene, die dann auch gegründet wurde, die Wirecard Bank. Dadurch konnten die Aktivitäten, einschließlich der kriminellen, wesentlich einfacher ausgeführt und kaschiert werden. Allerdings durfte die Wirecard Bank nur in Europa wirken, jenseits mussten Drittanbieter mit einbezogen werden. In Asien hatte Wirecard nicht einmal eigene Geschäftslizenzen; für die dort gleichwohl durchgeführten Geschäfte benötigte man aber natürlich wiederum Treuhandkonten. Sie wurden zunächst in Singapur angelegt, später dann auf den Philippinen. Der Anfang vom Ende war, dass im Frühjahr 2020 Wirtschaftsprüfer die auf diesen Treuhandkonten (angeblich) eingelagerten 1,9 Milliarden Euro nirgends finden konnten.

Damit erhärtete sich ein Verdacht gleich mehrerer Straftaten (etwa Bilanzbetrug, Geldwäsche, Korruption) auch auf offizieller Ebene, den Jahre zuvor schon andere, insbesondere ein Journalist der Financial Times (Dan McCrum), ein Bilanzexperte (Thomas Borgwerth) und zwei sog. Shortseller (Matthew Earl, Fahmi Quadir) nicht nur gehabt, sondern auch schon seit 2014 mehrfach publik gemacht hatten. Sie hatten aber zunächst nicht nur kein Gehör gefunden (das war bereits 2008 der Schutzvereinigung der Kleinanleger widerfahren), sondern wurden sogar bedroht, verleumdet und schließlich mit Strafanzeigen verfolgt; Bestechungsversuche hat es überdies auch noch gegeben. All dies ist der Wirtschaftsprüfergesellschaft bei der Durchsicht und schließlichen Absegnung der Geschäftsunterlagen von Wirecard entgangen. Und das, obgleich von dem Untersuchungsauftrag erstaunlicherweise die (angeblich) größte und rentabelste Einheit explizit ausgenommen war und sie sich auch sonst offenbar um eine Überprüfung der Cash-Bestände bis 2020 nicht wirklich geschert hatte.

Bevor man in Deutschland das Schrillen der Alarmglocken überhaupt vernahm oder zumindest sich über dessen Bedeutung Gedanken machte, hatte die Financial Times über Vertragsfälschungen – etwa in Gestalt des sog. „Round-Tripping“, bei dem Geld des Unternehmens an einen befreundeten Dritten bezahlt wird, der es dann seinerseits wieder zurücküberweist und damit in den Geschäftsunterlagen ein weiteres Umsatzgeschäft suggeriert – und auch Geldwäsche hochrangiger Manager von Wirecard in Singapur berichtet, hatte eine von Wirecard selber beauftragte externe Anwaltskanzlei Belege für diverse Straftaten bis hin zur Bilanzfälschung bei den asiatischen Tochtergesellschaften gefunden, und hatten mehrere US-amerikanische Anwaltskanzleien die Möglichkeiten für eine Sammelklage gegen den Dax-Konzern auszuloten begonnen.

Auf all diese Anwürfe reagierte nicht nur Wirecard mit Zurückweisung und gleichsam dem Standardprogramm an Gegenreaktionen, also von Empörung über Beschattung durch Privatdetektive und Cyber-Überwachungsfirmen (mithin Hacker-Angriffen) bis hin zur Strafanzeige. Auch die Bundesanstalt für Finanzdienstleistungsaufsicht (BaFin) als Kontrollinstanz stieß in dieses Horn, indem sie eigene Strafanzeigen gegen die Financial Times, einschließlich deren Reporter McCrum, und Spekulanten mit der Begründung erstattet hat, sie wollten mit dem Rufmord Wirecards eigene Gewinne machten. Und anders als die Kollegen in Singapur sahen die deutschen Strafverfolgungsbehörden in dem sehr minutiös beschreibenden Artikel in der Financial Times keine hinreichenden Verdachtsmomente, um Ermittlungen gegenüber Wirecard überhaupt nur einzuleiten. Eine von dem Unternehmen noch 2019 in Deutschland mit der Überprüfung der Bilanzen beauftragte, weitere Wirtschaftsprüfungsgesellschaft veröffentlichte im April 2020 ihren Bericht, der jedoch gerade bei den meisten der von der Financial Times angeprangerten Punkte höchst vage blieb. Die Gesellschaft weigerte sich bemerkenswerterweise, ihre schriftliche Stellungnahme zu konkretisieren.

Weil sich die Dinge nunmehr gleichsam überstürzten, konnte Wirecard nicht einmal mehr seine Konzernbilanz vorlegen; überdies wurde Markus Braun entmachtet und ein Vorstandsressort eingerichtet für jemanden, der für die Einhaltung des Rechts durch das Unternehmen (das nennt man heute Compliance) zuständig ist. Und doch kam es nur wenige Wochen später zur staatsanwaltlichen Durchsuchung der Geschäftsräume in Aschheim. Auch da noch und auch Mitte Juni stellte sich Wirecard auf der Bilanzpressekonferenz als Opfer eines „gigantischen Betrugs“ dar, obgleich das Unternehmen noch wenige Stunden vor dieser Konferenz hat verkünden müssen, dass die Veröffentlichung der Jahresbilanz noch einmal verschoben werden müsse – die besagten 1,9 Milliarden Euro und damit ein Viertel der gesamten Konzernbilanzsumme seien einfach nicht auffindbar.

Damit brach der Aktienkurs jedoch massiver ein als je zuvor. Am Tag nach der gründlich misslungenen Pressekonferenz, am 19.6.2020, trat Markus Braun zurück, drei Tage später wurde dem Mitvorstand Jan Marsalek fristlos gekündigt, und der erst wenige Tage im Amt befindliche Compliance-Chef James Freis stellte Ende Juni 2020 Insolvenzantrag beim Münchener Insolvenzgericht. Jan Marsalek durfte – zur Verwunderung etwa des Journalisten McCrum und wohl auch der Mitglieder des Untersuchungsausschusses im Bundestag – das Land verlassen und ist seither verschwunden. Der im Lande verbliebene Markus Braun dagegen wurde endgültig festgenommen, nachdem er etwa einen Monat zuvor zwar schon einmal festgenommen, tags darauf aber gegen Kautionszahlung doch wieder auf freien Fuß gesetzt worden war.

Hintergründe und Analysen

Wie kaum ein zweiter hat dieser Fall Wellen in alle möglichen Richtungen geschlagen – die Rede war gar von einer „Schande für Deutschland". Es wurde daher etwa der Vorstand der BaFin ausgewechselt und die Untersuchungen zu bzw. Spekulationen über mögliche Verstrickungen selbst von Bundeskanzlerin, Wirtschafts- und Finanzminister dauern bis heute an. Laut Medienberichten habe sich Marsalek nach Moskau abgesetzt, was auf Grund von bzw. in Verbindung mit dem von Putin angezettelten Krieg gegen die Ukraine zu vielfältigen Gedankenspielen anregt – umso mehr, als Marsalek zu früheren Zeiten wiederholt geäußert haben soll: „Wir haben so viel Geld und wir sind der deutschen Regierung so wichtig, dass wir uns alles erlauben können." All das soll hier aber auf sich beruhen bleiben. Die wenigen Andeutungen lassen gleichwohl erkennen, dass die Wirecard-Pleite ganz offensichtlich das Zeug dazu hat, spannendes Anschauungsmaterial auf gleich mehreren Bühnen zu liefern.

Auf der im vorliegenden Kontext interessierenden Bühne sehen wir ein Lehrstück über die Probleme, die sich aus dem Zusammenspiel von globalem Wirtschaften und nationalen Rechtskreisen ergeben. Wenn dann noch massives Suggestionspotential, hohe kriminelle Energie (milder formuliert: eine hohe Bereitschaft, die vorhandenen Grenzlinien auszutesten) und eine erstaunliche Bereitschaft der zur Verhinderung solcher Fälle zuständigen Institutionen hinzukommen, sich blenden und alle möglichen tatsächlich bereits vorhandenen Kontrollmechanismen leichtfertig gleichsam links liegen zu lassen, kristallieren sich schnell explosive Mischungen heraus. Die Rede war, wie gesagt, von einer „Schande für Deutschland". Dabei sollte man allerdings nicht zu vorschnell darauf abstellen, dass sich im Dienstleistungsbereich einfacher betrügen lasse als im produktiven. Denn auch wenn eine gewisse Wahrscheinlichkeit dafür spricht, dass die mit Erbringung einer Dienstleistung erzielten Erfolge schwerer dokumentierbar sind als fertiggestellte Produkte, zeigt doch der oben beschriebene FlowTex-Fall, dass man auch mit so etwas Handfestem wie Bohrmaschinen ganz wunderbar betrügen kann.

Was den Wirecard-Fall so besonders macht, ist, dass das an sich für seinen Gläubigerschutz geradezu notorische deutsche Recht versagt hat. Gerade anhand des Insolvenzrechts wird erkennbar, wie sehr dieses Anliegen hierzulande dominiert. Obwohl nirgends im Gesetz so explizit genannt, ist es doch nahezu einhellige und überall geäußerte Ansicht, dass das oberste Streben eines Insolvenzverwalters darauf gerichtet sein müsse, die Gläubiger bestmöglich zu befriedigen. Er macht sich daher sogar gegebenenfalls haftbar gegenüber den Gläubigern, wenn er das versäumt und etwa bessere Verkaufsoptionen ohne stichhaltige Gründe unbeachtet lässt.

Dass das keineswegs zwingend so sein muss, dass also andere Zwecke ein Insolvenzrecht steuern können, wurde oben (S. 111) beim Holzmann-Fall schon einmal kurz angesprochen. In Frankreich nämlich ist oberstes Ziel eines Insolvenzverfahrens, möglichst viele Arbeitsplätze zu retten. Das hängt auch damit zusammen, dass die zentrale Besonderheit des französischen Insolvenzrechts sowie aller von ihm inspirierter Rechtsordnungen ist, gerade und nur für Kaufleute und Unternehmen zu gelten. Es gilt also nicht auch für Verbraucher – Leute also, die nichts mit Kaufmännischem zu tun haben. Im Vereinigten Königsreich hat man zu Beginn des neuen Jahrhunderts das Insolvenzrecht neu justiert, um mit seiner Hilfe Unternehmertum zu fördern. Damit hatte man sich an den USA orientiert, die schon seit langem ihr Insolvenzrecht an dem Zweck ausrichten, dem Schuldner einen Neustart zu ermöglichen. Das ist also genau diametral der deutschen Zielrichtung entgegengesetzt.

Aber zurück zum Gläubigerschutz. Auch und gerade außerhalb des Insolvenzrechts spielt er eine immense Rolle. Wie noch im letzten Abschnitt dieses Buches ausführlicher darzustellen sein wird, hat das Recht gerade in den letzten zwei bis drei Jahrzehnten seinen Fokus verstärkt auf die unternehmensinternen Strukturen gerichtet, Corporate Governance genannt. Dafür gibt es allgemeinverbindliche Regelwerke, Codices, die Vorgaben dafür aufstellen, wie bereits lange vor irgendwelchen Krisensituationen die internen Abläufe so zu strukturieren sind, dass es gar nicht erst zu Krisensituationen kommen kann. Diese Strukturen waren bei Wirecard, wenn man es sehr vornehm ausdrücken will, unterentwickelt. So war etwa unklar, inwieweit der Finanzvorstand die Zahlen tatsächlich einer Kontrolle unterzog; die Rechtsabteilung war hauptsächlich mit Berufsanfängern besetzt; und ob der Aufsichtsrat tatsächlich seine Kontrollfunktion ausgeübt hat, ist zumindest so gut wie gar nicht dokumentiert. All das erklärt sich bis zu einem gewissen Grad daraus, dass das Unternehmen als ein Start-up begonnen hatte – eine Entschuldigung ist das aber natürlich nicht. Bei der Anpassung an wachsende Größe und Etablierung war man dann zögerlich. Zum Gläubigerschutz der Corporate Governance zählt aber auch noch dazu, dass ein unabhängiger Wirtschaftsprüfer zu bestellen ist. Den hatte man bei Wirecard zwar, doch staunt man, wie ein hoch renommiertes Unternehmen sich geradezu hat hypnotisieren lassen und auf elementare Formen der Verifizierung von Unterlagen und Kontobeständen verzichtet hat.

Das außerordentlich Irritierende an dem Fall ist überdies, dass auch weitere Kontrollmechanismen so gut wie keinerlei Wirkungen zeitigten. Deren Zweck ist an sich auch, den Gläubigern Schutz zu bieten, um damit den Finanzmarkt Deutschland attraktiver zu machen. Das hat bei Wirecard freilich ebenfalls nicht wirklich funktioniert. Wie schon gezeigt, zeichnete sich die eigens für eine solche Kontrolle etablierte Aufsichtsbehörde, die BaFin

(Bundesanstalt für Finanzdienstleistungsaufsicht), eher als Abwehrrecke gegen vermeintlich unlautere Angriffe gegen den zu Kontrollierenden als durch Kontrolltätigkeit aus. Es war nur eine einzelne Person zuständig für dieses Dax-Unternehmen. Darüber hinaus hat die gesamte Branche der Finanzintermediäre, also etwa Finanzberater, Vermögensverwalter, Fondsmanager, Finanzanalysten bis hin zur Deutschen Börse, im Grunde genommen versagt. Der Bundesgerichtshof hatte diesen Berufsträgern bereits 1993 ins Pflichtenheft geschrieben, sich nicht allein auf die Eigenangaben der von ihnen vertriebenen Produkte bzw. Unternehmen zu verlassen, sondern darüber hinaus eigene Recherchen anzustellen.

Um es kurz zu fassen: Eine ganze Branche hat sich von Blindheit schlagen lassen, um dann wie eine Schafsherde hinter den Erfolgsmeldungen der unternehmerischen Hauptakteure herzulaufen. Skepsis gab es nicht, die Richtigkeit der Meldungen musste offenbar auf Deubel-komm-raus durchgeboxt werden. Da ist dann notgedrungen das Insolvenzverfahren so etwas wie die Putzkolonne, die nach der Party alles aufräumen muss.

Vergrößerung des vorhandenen Vermögens

Die geballte kriminelle Energie im Rahmen eines Falles wie Wirecard führt unweigerlich zu der Frage, was das Insolvenzrecht in einem solchen Fall überhaupt noch für eine Rolle spielen kann? Schließlich spricht eine hohe Wahrscheinlichkeit dafür, dass so gut wie kein Vermögen des Schuldners mehr vorhanden ist, während Forderungen in gigantischer Höhe offen sind; in einem anderen Fall sah ein entsprechendes Gemisch konkret so aus, dass der Insolvenzverwalter unmittelbar nach Eröffnung des Verfahrens auf verschiedenen Konten insgesamt 40.000,- € an verfügbarer Masse vorgefunden hatte, dem ein Gesamtforderungsbetrag von deutlich über 1 Milliarde € gegenüberstand! Wenn man jetzt noch bedenkt, dass ein staatlicherseits durchgeführtes Verfahren bezahlt werden muss, und dass auch ein Insolvenzverwalter mit all seiner Expertise und seinem Riesenstab an Mitarbeitern nur höchst ungern für umsonst arbeitet, wird klar, dass es da ein massives Problem mit der Durchführung des Verfahrens gibt.

Angesichts dieses Dilemmas resignierend auf das Verfahren verzichten zu wollen, geht allein schon deswegen nicht an, weil das von vielen wie eine Einladung zu weiteren solcher betrügerischen Machenschaften verstanden würde. Überdies würden, wie wir oben schon einmal anlässlich der Effizienzüberlegungen angesprochen haben (S. 140 ff.), einige wenige, wohlinformierte Gläubiger den übrig gebliebenen Rest für sich einschachern, während die

Vielzahl der weniger gut oder gar nicht informierten Gläubiger komplett leer ausgehen; gegen einen solchen „Verteilungsmechanismus“ sträubt sich jedes Gerechtigkeitsempfinden. Nicht von ungefähr fungiert der Grundsatz der zwischenzeitlich schon oft angesprochenen *par condicio creditorum*, also der Gleichbehandlung der Gläubiger, als Ausgangspunkt jeglichen Insolvenzrechts.

Wie also lässt sich das Dilemma auflösen? Das deutsche Recht steht ziemlich einzigartig da mit dem Luxus, in den schlimmsten Fällen tatsächlich kein Verfahren nach den Insolvenzgesetzen durchzuführen. Wenn es also partout kein Vermögen mehr gibt, kommt es irgendwie zur Löschung des Unternehmens im Register, oder es gibt es halt schlichtweg nicht mehr. Sobald das eingetreten ist, gibt es auch rechtlich keinen Schuldner mehr und der Gläubiger steht mit leeren Händen da; denn für eine Forderung ist es nun einmal unerlässlich, dass nicht nur ein Gläubiger, sondern auch ein Schuldner existiert – ohne den geht nun einmal nichts in dieser Beziehung! Die Nichteröffnung eines Insolvenzverfahrens mangels hinreichender Masse ist also für übelwollende Schuldner durchaus eine attraktive Option, auch wenn sie natürlich nicht vor den gleichwohl im Raume stehenden möglichen strafrechtlichen oder sonstigen Sanktionen schützt. Andere Länder sehen deshalb vor, ein Insolvenzverfahren in jedem Fall durchzuführen. Sie müssen dann aber natürlich dafür Sorge tragen, dass von einem anderen die Kosten für Gericht und Insolvenzverwalter getragen werden; das ist dann regelmäßig der Staat.

Dass die Nichteröffnung eines Insolvenzverfahrens in Deutschland trotzdem relativ selten ist, hängt damit zusammen, dass es trotz der eingetretenen Pleite einige Mechanismen gibt, das schuldnerische Vermögen aufzufüllen. Das klingt zunächst einmal überraschend, wird aber alsbald unmittelbar einsichtig – gerade wenn man sich vor Augen hält, dass der Hauptmechanismus geradezu weltweit unter dem Namen *actio Pauliana* bekannt ist und damit seine altehrwürdige Herkunft aus dem antiken römischen Recht offenlegt. Benannt nach dem Juristen Iulius Paulus (der Herr mit diesem schönen Namen wirkte um die Wende des 2. zum 3. nachchristlichen Jahrhunderts in Rom), hat dieses heute Insolvenzanfechtung genannte Instrument eine eminente Bedeutung in nahezu jedem Insolvenzverfahren.

Aber mal der Reihe nach: Zu den wesentlichen Aufgaben eines Insolvenzverwalters gehört es, sämtliche Geschäftsvorgänge und Transaktionen nicht nur, aber insbesondere jüngeren Datums auf ihre Rechtmäßigkeit hin zu überprüfen. Aus diesem Grund ist es durchaus verständlich, dass in Deutschland die Gepflogenheit vorherrscht, dass sich die Insolvenzverwalter vornehmlich aus dem Stand der Juristen konstituieren. Denn Juristen werden bereits während des Studiums an der Universität gewissermaßen darauf gedrillt, Rechtsfehler zu entdecken. Ist ein solcher gefunden, muss der Fehler korrigiert werden – was in vielen Fällen dazu führt, dass Leistungen wie etwa die Auszahlung von Geldern zurückerstattet werden müssen. Bei Wirecard sah das beispielsweise so aus, dass das Landgericht München auf die (eine von vielen) vom Insolvenzverwalter eingereichte Klage hin festgestellt hat, dass die von dem Unternehmen aufgestellten Bilanzen aus den Jahren 2017 und 2018 nichtig gewesen sind. Für die Aktionäre war das eine wenig erfreuliche Nachricht, weil damit zu dem Verlust ihres Unternehmens auch noch die Pflicht hinzukommt, die für diese beiden Jahre erhaltenen Ausschüttungen zurückzubezahlen. Durch diese Zahlungen vergrößert sich natürlich entsprechend die verfügbare Vermögensmasse des Insolvenzverfahrens. In einer weiteren Klage hat sich das Oberlandesgericht München zu der möglichen Haftung der Wirtschaftsprüfungsgesellschaft geäußert. All das ist mit einem enormen Aufwand für den Insolvenzverwalter und die Gerichte verbunden, so dass zum gegenwärtigen Zeitpunkt nicht einmal annähernd prognostiziert werden kann, wieviel Geld letzten Endes in die Masse fließen wird.

Darüber hinaus kann der Verwalter aber auch noch bestimmte Verträge aufkündigen, um das schuldnerische Vermögen sei es zu entlasten, sei es zu vergrößern. Wie schon oben, im Kontext mit der Borgward-Pleite angesprochen, ist dafür Voraussetzung, dass es sich um einen „laufenden“ Vertrag handelt, bei dem keiner der beiden Vertragspartner bereits alles geleistet hat, was nach dem Vertrag geleistet werden muss. Prototypen für diesen Vertragstypus sind nun allerdings Arbeits- und Mietverträge; bei beiden handelt es sich um sogenannte Dauerschuldverhältnisse, die laufend weiter zu erfüllen sind. Weil diese Verträge aber so essentiell für insbesondere Mieter und Arbeitnehmer sind, gibt es zu deren Schutz Sonderbestimmungen. Wo die Leistungen aber nicht so elementar sind, kann der Verwalter wählen, ob er den Vertrag weitergeführt haben will oder nicht. Ähnliches kann er mit bestimmten laufenden Prozessen machen. Der Maßstab für die jeweilige Wahl ist allein, ob dadurch das vorhandene Vermögen vergrößert wird.

Am bedeutsamsten für die Vergrößerung des vorhandenen Vermögens ist aber die bereits angesprochene Insolvenzanfechtung, oder eben die actio Pauliana. Die antik-römische Urform dieses Rechtsinstruments verdeutlich am besten, worum es dabei eigentlich geht. Iulius Paulus schreibt über einen Fall, der ihm zur rechtlichen Beurteilung vorgelegt worden war: Ein Schuldner hatte da sein Vermögen (oder einen Teil davon) an jemanden Dritten übertragen, um es auf diese Weise seinen Gläubigern zu entziehen; die wollte er auf diese Weise schädigen. Gläubiger können nämlich im Rahmen eines geordneten Verfahrens auf das Vermögen ihres Schuldners zugreifen, um sich daraus zu befriedigen. Aber eben nur daraus – nicht auch aus dem Vermögen der Ehefrau, der Kinder oder sonst einer anderen Person. Aus diesem Grund gingen in dem von Paulus geschilderten Fall die Gläubiger leer aus. Auf deren Beschwerde hin hat Paulus dann den entscheidenden Schritt gewagt und hat entschieden, dass die Gläubiger unter den gegebenen Voraussetzungen auf das weggegebene Vermögen bei dem Dritten zugreifen dürfen.

Aus diesem Fall von vor ca. 1800 Jahren hat sich zwischenzeitlich die sehr viel facettenreichere Insolvenzanfechtung entwickelt.

Sie teilt aber mit dem historischen Ausgangsfall nach wie vor das Grundszenario, dass Vermögensgegenstände des Schuldners im Vorfeld eines Insolvenzverfahrens zu einem Dritten gelangen – sei es, indem der Schuldner sie weggegeben hat, sei es, dass der Dritte im Wege der Zwangsvollstreckung oder sonstwie auf sie zugegriffen hat –, und dass infolgedessen der Insolvenzverwalter diese Gegenstände wieder in das Vermögen des insolventen Schuldners zurückholt.

Was bis hierhin einleuchtend klingen mag, ist in juristischer Hinsicht schon auch eine kleine Ungeheuerlichkeit. Denn wenn der Schuldner etwa seiner Frau seine Briefmarkensammlung oder seinen Ferrari schenkt, dann ist nach allen Grundsätzen des Bürgerlichen Rechts die Ehefrau die neue Eigentümerin, und sie kann mit dem Geschenk machen, was sie will. Weil aber ihr Mann in ein Insolvenzverfahren geschliddert ist, sagt die Insolvenzanfechtung nunmehr der Ehefrau: Gib das Geschenk zurück! Das gilt gegebenenfalls sogar auch dann, wenn sie für die Sammlung oder das Auto einen Preis bezahlt hat. Auch dann muss sie zurückgeben und ist hinsichtlich ihrer Rückforderung des bezahlten Preises darauf verwiesen, mit dieser Forderung am Insolvenzverfahren als einfache Insolvenzgläubigerin teilzunehmen. Sie erhält dann also nur die allgemeine Quotenzahlung.

Angesichts dessen sollte es sich von selbst verstehen, dass die Insolvenzanfechtung nicht so aussehen kann, dass alle Dritten, die in einem bestimmten Zeitraum vor dem Insolvenzverfahren etwas vom Schuldner erhalten bzw. von ihm erworben haben, alles Empfangene zurückgeben müssen. Solch eine pauschale und undifferenzierte Regelung würde letzten Endes den gesamten Wirtschaftsverkehr lahmlegen. Man müsste ja immer damit rechnen, dass der andere innerhalb der bestimmten Zeitspanne pleite geht und das Geschäft rückgängig gemacht würde. Noch dazu auf diese höchst unlukrative Weise, dass man sich plötzlich in der Rolle eines einfachen Insolvenzgläubigers wiederfindet. Weil das eben nicht angeht, ist das Anfechtungsrecht zu einer richtig komplizierten Materie geworden.

Die Rückgabepflicht des Dritten ist nämlich je nach den Einzelumständen abhängig von einer ganzen Reihe von weiteren Faktoren. Da ist beispielsweise die Zeitspanne von vor der Eröffnung des Insolvenzverfahrens (genauer: der Antragstellung), die in unserem deutschen Recht je nach Tatbestand von 1 Monat bis zu 10 Jahren reicht. Dann gibt es als weitere Voraussetzungen etwa objektive Umstände wie etwa die Benachteiligung der Gläubiger insgesamt oder die Zahlungsunfähigkeit des Schuldners, aber auch subjektive Umstände wie Kenntnis bzw. Absichten des Schuldners oder die Kenntnis der Gläubiger davon. Überdies werden Austauschgeschäfte, bei denen die beiden Vertragsleistungen gleichsam in einem Aufwasch – Zug um Zug – erbracht werden, unter bestimmten Umständen bevorzugt behandelt, während nahe Angehörige regelmäßig einer verschärften Zugriffsmöglichkeit ausgesetzt sind. Denn natürlich macht es rein faktisch einen Unterschied, ob der Schuldner einen Gegenstand an einen allgemeinen Teilnehmer des Geschäftsverkehrs überträgt oder an einen nahen Verwandten bzw. seinen Ehepartner.

All das sind Stellschrauben für die Detailausgestaltung, wobei insbesondere die subjektiven Umstände massive Probleme bereiten können: Wie beweist man vor Gericht, dass der Beklagte Kenntnis hatte? Nach dem deutschen Zivilprozessrecht muss dieser Beweis so geführt werden, dass der Richter von der Wahrheit dieser Kenntnis überzeugt ist! Andere Rechtsordnungen sind da milder; bei ihnen genügt, wenn der Richter die zu beweisende Tatsache für überwiegend wahrscheinlich hält. Für unseren Kontext soll aber ungeachtet dieser und vieler weiterer Schwierigkeiten genügen, dass es, grob gesprochen, zwei Kategorien der Insolvenzanfechtungsgründe gibt.

Da ist zum einen die Kategorie, deren drei Vorschriften die Gemeinsamkeit aufweisen, dass sie gerade den Dreimonats-Zeitraum vor der Antragstellung abdecken. Für diesen Zeitraum ist, mit

Unterschieden im Detail natürlich, die Rückforderbarkeit verhältnismäßig einfach. Das gilt insbesondere, wenn der Schuldner eine Transaktion in einer Weise durchgeführt hat, die nicht den Vorgaben des Vertrages entspricht – wenn er also etwa statt zu zahlen eine Forderung gegen einen Dritten überträgt, oder wenn er erst mit großer Verzögerung leistet oder gar früher als gesollt. Hintergrund dessen ist die gewissermaßen institutionalisierte Skepsis gegenüber Abweichungen im Vorfeld einer Insolvenz. Das hängt damit zusammen, dass schon immer Schuldner in dieser Gefahrenzone nicht nur ihre innige Zuneigung zu nahestehenden Verwandten und den Ehegatten entdeckt haben, sondern auch gerne Vorsorge für die Zeit nach der Krise treffen, indem sie einige Personen oder Geschäftspartner gegenüber anderen bevorzugen.

Das sind nicht selten die, mit denen der Schuldner später weiterhin Geschäfte machen will. Wenn diese Gläubiger gegenüber den anderen bevorzugt werden, so sieht das Gesetz das bereits als eine Verletzung der *par condicio creditorum*, also der Gläubigergleichbehandlung an. Die ist zwar eigentlich erst für die Zeit ab Eröffnung des Insolvenzverfahrens vorgesehen; weil aber typischerweise der Insolvenzantrag (viel) zu spät gestellt wird – das folgt seinerseits aus dem ebenfalls schon wiederholt angesprochenen Makel der Insolvenz –, besteht der Zustand der Insolvenz in den allermeisten Fällen schon vor dem Antrag oder der Eröffnung des Verfahrens. Der Gesetzgeber legt diesen Zeitraum der sogenannten „materiellen Insolvenz" pauschal auf drei Monate fest. In Frankreich etwa erfolgt die Festlegung individuell durch den Richter und kann sich gegebenenfalls auf über ein Jahr erstrecken.

Die zweite Kategorie der Gründe zu einer Insolvenzanfechtung weist deutlich längere Fristen auf. Da ist zum einen ein Klassiker: Schon Cicero hat gesagt, dass niemand freigiebig sein solle, der seinerseits Schulden hat (*nemo liberalis nisi liberatus*). Will sagen, dass niemand Geschenke auf Kosten anderer machen soll. Das greift die eine Vorschrift auf, die „unentgeltliche Leistungen", Prototyp dafür sind Geschenke, für anfechtbar erklärt, wenn sie im Vorfeld einer Insolvenz gemacht werden. Das Vorfeld ist hierbei freilich rigide gefasst, nämlich vier Jahre! Ein anderer Anfechtungsgrund ist insofern auch ein Klassiker, als er den alten Fall des Iulius Paulus von circa 200 n. Chr. aufgreift: Gibt ein Schuldner einen Vermögensgegenstand mit dem Vorsatz weg, seinen Gläubigern Schaden zuzufügen, ist das Vorfeld sage und schreibe bis zu 10 Jahre lang. Wie gesagt, um solch eine Transaktion dann tatsächlich anfechten zu können, muss der Insolvenzverwalter zusätzlich mehrere der zuvor angesprochenen Stellschrauben abarbeiten; aber 10 Jahre sind gleichwohl eine bemerkenswert lange Frist.

Um jetzt aber den Bogen wieder zurück zum Ausgangspunkt dieses Abschnitts zu schlagen: Es macht also durchaus Sinn, ein Insolvenzverfahren auch dann einmal zu eröffnen, wenn das Verhältnis der zu Beginn des Verfahrens vorhandenen „Kriegskasse" zu den angemeldeten Forderungen lächerliche 40.000 zu exorbitanten 1,5 Milliarden ist. Es ist meistens gar nicht unwahrscheinlich, dass bei hinreichender, gegebenenfalls vom Verwalter selbst vorausverauslagter Recherche, Vermögensmehrungen ganz erheblichen Ausmaßes zu Tage treten und die vielen, vielen Gläubiger eines solchen Falles dann wenigstens ein wenig mehr als gar nichts erhalten.

Strafrecht und Insolvenzen

Die Kombination Strafrecht-Insolvenzrecht eröffnet ein weites Feld. Denn natürlich können ein Insolvenzverwalter, ein Gläubiger und sonstige Betroffene eines Verfahrens Handlungen vornehmen, die strafrechtliche Relevanz haben. Das ist in einem Verfahren nicht anders als im Leben insgesamt; das Strafrecht ist im Alltag selten ganz weit entfernt. Das aber soll an dieser Stelle gar nicht weiter interessieren, um nicht in uferlose Gewässer zu geraten; Insolvenzstraftatbestände finden sich nicht nur im Strafgesetzbuch, sondern in ganz vielen weiteren Gesetzen. Vielmehr geht es vorliegend um eine ganz begrenzte Präsentation von Straftatbeständen, die sich hauptsächlich gegen den Schuldner richten. Die gute Nachricht dabei ist, dass der Pleitier nicht einfach nur deswegen, weil er den Karren gegen die Wand gefahren hat, als Straftäter angesehen wird. Das wird hier für all diejenigen Kenner der Schriften etwa von Balzac nachdrücklich hervorgehoben; dort nämlich ist der Pleitier sehr wohl noch ganz kategorisch nur deswegen ein Fall für den Staatsanwalt, weil er ein Pleitier ist. Das war in Frankreich in der Tat lange Zeit vorherrschende Ansicht. Sie war aber auch in vielen anderen Ländern verbreitet und ist auch heute noch in vielen Köpfen tief verankert.

Das Strafrecht ist natürlich ein starker Tobak. Es wird verbreitet als *ultima ratio* bezeichnet, um klarzustellen, dass diese Bestrafungs- und Erziehungskeule nicht für jegliches Fehlverhalten, sondern erst ab einem gewissen Kaliber schwereren Ausmaßes eingesetzt werden kann und darf. Bezogen auf das Insolvenzrecht allerdings liegt solch eine Dringlichkeit schon allein deswegen nahe, weil der Schuldner ab dem Überschreiten des Rubikon, also der Trennlinie zwischen allgemeinem Wirtschaften und dem Handeln im Zustand der Zahlungsunfähigkeit bzw. der Überschuldung, ökonomisch gesprochen, mit dem Geld seiner Gläubiger agiert und damit doch recht schnell in den Bereich der Treupflichtverletzungen hineintrudelt. Bekanntlich reagiert das Strafrecht recht schnell und humorlos, wenn Untreue im Spiel ist; dafür gibt es einen eigenen Straftatbestand.

Wie sehr sich das Strafrecht gleichwohl zurückzuhalten bemüht, erkennt man im Insolvenzrecht aber etwa an folgender Regelung. Auf Grund einer Vorschrift in der Insolvenzordnung ist der Schuldner verpflichtet, dem Gericht, dem Insolvenzverwalter und bestimmten Gläubigern Auskunft zu erteilen über „alle das Verfahren betreffende Verhältnisse". Im Klartext bedeutet das also die Pflicht zur lückenlosen Aufklärung darüber, wie es zu der Pleite gekommen ist und was der Schuldner vor und nach der Stellung des Insolvenzantrags alles so in vermögenstechnischer Hinsicht getan hat. Ein ganz besonders gesetzestreuer Schuldner müsste also mitteilen, dass er die Wertsachen im Wald vergraben und die Bildersammlung an Frau und Kinder übertragen hat. Das passiert in der Rechtswirklichkeit naheliegenderweise eher selten, aber das Gesetz gibt immerhin einen Anstoß dazu, indem die besagte Regelung weiterhin anordnet, dass die vom Schuldner offenbarten Handlungen in einem eventuellen Strafverfahren nur dann verwertet werden dürfen, wenn er selbst sein Einverständnis hierzu erklärt.

Strafrechtliche Sanktionen existieren zu dem Zweck, das Verhalten der Menschen zu beeinflussen. Über den Zweck des Strafrechts macht man sich schon seit Jahrtausenden Gedanken; dabei wird auch heute noch dessen gedacht, was etwa der Philosoph Seneca vor ca. 2000 Jahren dazu geschrieben hat: „gestraft wird, weil gesündigt wurde". Es geht beim Insolvenzstrafrecht also darum, den Schuldner und die sonst noch adressierten Personen dazu anzuhalten, sich im Korridor des als zulässig Angesehenen zu bewegen. Da schwebt nach wie vor die Vorstellung eines „ehrbaren Kaufmanns" im Raume umher, auch wenn das heute verbal als eine antiquierte und nur noch belächelte Vorstellung ausgeblendet wird. Und doch: Die oben (S. 103) bereits angesprochene Pflicht eines Schuldners, einen Insolvenzantrag von sich aus zu stellen, wenn einer der Eröffnungsgründe vorliegen sollte, wird mit einer strafrechtlichen Sanktion untermauert. Das deutsche Recht steht mit dieser Rigidität recht allein da. Andere Rechte belassen es dabei, den Schuldner zivilrechtlichen Schadensersatzansprüchen von Seiten seiner geschädigten Gläubiger auszusetzen. Die gibt es im deutschen Recht natürlich auch, aber das wird nach wie vor als nicht ausreichend angesehen. In Fällen wie Wirecard oder FlowTex offenbaren sich dann freilich die Lücken, die zwischen gesetzgeberischer Intention und praktischer Umsetzung zu klaffen pflegen.

Insolvenzverschleppung ist aber nun einmal hierzulande ein sehr ungern gesehenes Phänomen, das nach Möglichkeit vermieden werden soll. Und deswegen belässt es der Gesetzgeber eben nicht bei erst *ex post* wirkenden Schadensersatzansprüchen, sondern agiert zusätzlich mit einer *ex ante* wirkenden Drohung. Wenn also ein Unternehmen feststellt, dass es zahlungsunfähig oder überschuldet ist, muss es auf der Stelle – das Gesetz spricht von: „ohne schuldhaftes Zögern" – bei Gericht einen Antrag auf Eröffnung des Insolvenzverfahrens stellen. Genau deswegen gibt es diese *ex ante*-Drohung auch: Damit sollen alle Geschäftsführer in Deutschland dazu angehalten werden, kontinuierlich zu überprüfen, ob sie noch wirtschaftstauglich oder bereits Pleitekandidaten sind. Wenn sie feststellen, dass sie zu der zweiten Kategorie gehören, haben sie nur dann noch ein paar wenige Wochen Zeit, falls sie schon solide Sanierungsmaßnahmen in die Wege geleitet haben. Dann – und nur dann – ist ihr Zögern nicht schuldhaft im Sinne des Gesetzes.

Ein Klassiker des Insolvenzstrafrechts ist im Strafgesetzbuch mit dem Titel „Bankrott" versehen. Mit dieser Vorschrift gerät man bereits sprachlich ganz in die Nähe des Balzac'schen Weltbildes. Sie soll gleichfalls jeden Geschäftsführer mittels Strafandrohung dazu anhalten, in einem eventuell eintretenden Insolvenzverfahren die ohnedies nicht ausreichende Vermögenslage nicht auch noch künstlich auszudünnen. Ein „ehrbarer Kaufmann" würde keine der in der Vorschrift aufgelisteten Handlungen vornehmen und damit seine Gläubiger schädigen wollen. Er würde also keinesfalls Vermögenswerte beiseiteschaffen, verheimlichen, vernichten oder verschleudern, auch in seiner Verzweiflung keine Spekulationen vornehmen und keine fake-Positionen vortäuschen; er würde weiterhin gewissenhaft seine Bücher führen, diese fein säuberlich aufbewahren und sich insgesamt an Recht und Gesetz orientieren, also beispielsweise eine der oben (S. 137) angesprochenen „Firmenbestattungen" von vornherein aus seinen Gedanken verbannen.

Auch hier kann man nicht umhin feststellen zu müssen, dass der gesetzgeberische Anspruch und die Rechtswirklichkeit teilweise sehr weit auseinanderklaffen. Das ließe sich natürlich zum Anlass nehmen, ein Plädoyer für eine Bereinigung des Strafgesetzbuches anzustimmen. Doch sollte man dabei bedenken, dass es zum einen ungewiss ist, ob nicht vielleicht doch die Existenz einer solchen Strafdrohung so manche üble Verhaltensweise zum eigenen Vorteil und zum Schaden der Gläubiger verhindert, und zum anderen, dass eine Abschaffung wie ein Signal für Freibeutertum in der Wirtschaft wirken könnte. In manchen Gerichtsbezirken Deutschlands jedenfalls ist es ein Automatismus, dass die Akten einer Unternehmensinsolvenz vom Insolvenzgericht postwendend an die Staatsanwaltschaft weitergeleitet werden. Ob dort allerdings genügend Personal vorhanden ist, das hinreichend geschult ist, etwa Bilanzen nicht nur lesen, sondern auch noch verstehen zu können, steht auf einem anderen Blatt. Wenn das aber der Fall ist, erhöhen sich die Insolvenzzahlen in den entsprechenden Bereichen signifikant.

Abbildung 8. Eterna-Mode mit halbsteifem Kragen.

Krise ja, Pleite nein:

Eterna

Die Fakten

Die ETERNA Mode Holding GmbH ist an der Pleite vorbeigeschliddert, passt also eigentlich gar nicht zum Thema dieses Buches. Ihr Verfahren wird hier aber dennoch beschrieben, weil das, was Insolvenzrechtler in Theorie und Praxis unter Insolvenzrecht verstehen, nicht nur seit dem 1. Januar 1999 die Option zu einer Sanierung des Schuldners umfasst, sondern seit dem 1. Januar 2021 auch hierzulande ein Verfahren, das gerade zur Vermeidung eines Insolvenzverfahrens dient. Diese Neuerung hat sich Eterna zunutze gemacht. Da dieser Fall überdies ein schönes Beispiel dafür liefert, dass mit Hilfe des insolvenzrechtlichen Instrumentariums eben keineswegs zwingend mehr der Untergang des schlingernden Unternehmens eingeleitet ist, sondern dass mit seiner Hilfe dessen Rettung gelingen kann, also die Fortführung des bisherigen Unternehmens unter mehr oder minder gleicher Führungs- und Inhaberriege, dient der Bericht über das Eterna-Verfahren auch als Repräsentant für eine zwischenzeitlich durchaus respektable Gruppe von Insolvenzverfahren, die gleichfalls zu einer solchen Wiederbelebung geführt haben.

Bernhard Hönigsberg und Salomon Singer hatten offenbar nichts Geringeres als Ewigkeitswerte vor Augen, als sie im Jahre 1863 in Wien die Firma gründeten und ihr diesen lateinischen Namen gaben (*aeternus, aeterna* = ewig, unvergänglich). Sie stellte Wäsche insgesamt und insbesondere halbsteife Hemdkragen („Kent-Kragen“ anstelle des damals noch üblichen und höchst einengenden

„Vatermörders“) her, bevor sie sich dann in zunehmendem Maße auf Herrenhemden spezialisierte und sich hierbei beispielsweise dadurch auszeichnete, dass sie seit den 80er Jahren des letzten Jahrhunderts bügelfreie Hemden anzubieten begann. Lange zuvor schon, im Jahr 1927, wurde noch von Wien aus eine Zweigniederlassung in Passau gegründet, wo sich heute der Sitz der uns interessierenden Holding befindet. Denn auch in der Firmengeschichte dieses Unternehmens ist es zu der bereits im Fall Hermann Tietz beschriebenen Arisierung in der Nazi-Zeit gekommen; die Zweigniederlassung wurde zwangsverkauft an die Passauer Industrie AG (PIAG) und entwickelte sich forthin zu dem weithin bekannten Hemdenhersteller mit den operativen Tochtergesellschaften in Passau und Banovce in der Slowakei.

Man produzierte Ware, die nachgefragt wurde, und man wuchs. Doch dann kam die Pandemie, und das Geschäft brach dramatisch ein. Die Modeindustrie hatte insgesamt auf Grund der massiven Veränderung des Käuferverhaltens und der Käuferbedürfnisse durchschnittliche Einbußen von ca. 30 %. So haben beispielsweise home office und nicht stattfindende Feiern oder Veranstaltungen dazu geführt, dass offiziellere Kleidung – und damit natürlich auch Hemden – kaum mehr nachgefragt waren. Das wird auch einer der Gründe dafür gewesen sein, dass der in dieser Zeit rasant vorangetriebene Ausbau des Onlinegeschäfts nicht annähernd die Defizite ausgleichen konnte.

Da aber Eterna andererseits gegen Ende 2021 weder zahlungsunfähig noch überschuldet war und deswegen auch nicht in der Pflicht stand, die Eröffnung eines Insolvenzverfahrens zu beantragen, gab es noch hinreichenden Handlungsspielraum für Rettung. Den nutzte das Unternehmen, indem es ein gerade neu in Kraft getretenes Instrument des deutschen Insolvenzrechts angewendet hat. Mit einer ausgewählten Anzahl seiner Gläubiger – also gerade nicht mit der Gesamtheit der Gläubiger – schloss das Unternehmen eine schließlich vom Gericht abgesegnete Vereinbarung über Verzicht und Stundung von Forderungen, die einen Weiterbestand des Unternehmens ermöglicht. Es ist freilich zum gegenwärtigen Zeitpunkt nicht prognostizierbar, ob und inwieweit die Rettung nachhaltig wirkt. Für seriöse Vorhersagen sind die Zeiten und Wirtschaftsabläufe zu verworren und disruptiv; darauf werden wir im letzten Abschnitt des Buches noch einmal zu sprechen kommen.

Hintergründe und Analysen

Anders als etwa in England oder Frankreich – in den USA sowieso – hat sich der deutsche Gesetzgeber lange dagegen gesträubt, die klare Trennlinie zwischen eigennützigem Wirtschaften hier und gläubigerorientiertem Insolvenzverfahren dort aufzugeben. Der beide Areale trennende Rubikon sollte ein klarer Strich sein, die Alternativen waren entweder – oder; ein *tertium* wurde nicht gegeben. Naja, ein bisschen schon, zumindest seit dem Inkrafttreten der Insolvenzordnung im Jahr 1999. Denn da wurde ja als neuer Eröffnungsgrund für ein Verfahren eingeführt, dass bereits genügen soll, wenn ein Insolvenzverfahren droht – also irgendwo am Horizont sichtbar wird. Allerdings führt dieses Dort-Am-Horizont-Erkennen dann im Falle einer Verfahrenseröffnung doch gleich dazu, dass man gleichsam über dem Rubikon hinüber gebeamt wird und sich in einem ungeliebten Insolvenzverfahren wiederfindet. Deswegen ist diesem Eröffnungsgrund von vornherein eine, sehr zurückhaltend formuliert, nur beschränkte praktische Aufmerksamkeit entgegengebracht worden. Der zuvor schon wiederholt angesprochene Makel des Konkurses bzw. der Insolvenz ist denn doch noch zu dominant gewesen.

Aber auch, als späterhin einige wenige, allerdings von großer (fach) öffentlicher Aufmerksamkeit begleitete Unternehmen ihren Sitz in Deutschland eigens zu dem Zweck aufgaben und nach England verlegten, um sich die dort im legislativen Angebot befindlichen Insolvenzvermeidungsverfahren nutzbar machen zu können, änderte sich an dem Grundkonzept des deutschen Insolvenzrechts nichts. Zwar wurde unter dem unverfänglichen Namen „Schutzschirm“ die nicht einmal unattraktive Neuerung eines Moratoriums – unter diesem Namen ist das Instrument freilich seit Jahrhunderten bekannt – eingeführt; doch auch dieser Schirm geleitet den Antragsteller ziemlich schnell hinüber auf die Insolvenzseite des Rubikon. Vor allem aber vermochte auch der Schutzschirm einer sogar billigeren Variante der Sitzverlegung nach England, nämlich der Nutzbarmachung des dortigen *scheme of arrangement,* nicht Einhalt zu gebieten. Wenn bestimmte Voraussetzungen erfüllt sind, kann die Schuldenlast durch einen englischen Richter reduziert werden, so dass auch hiesige Gläubiger daran gebunden sind. Das klingt allerdings einfacher, als es in der Praxis war, vor allem aber, als es heute nach dem Brexit ist; denn damit hat sich das Vereinigte Königreich, wie schon zuvor einmal angedeutet (S. 137), den Ast der automatischen Anerkennung ausländischer Gerichtsentscheidungen innerhalb der EU-Mitgliedstaaten abgeschnitten, auf dem es sich zuvor sehr bequem und einträglich häuslich niedergelassen hatte.

Als dann noch die Europäische Kommission die Mitgliedstaaten mit recht präzisen Vorgaben dazu aufforderte, je ein Insolvenzvermeidungsverfahren einzuführen, wurde es im Bundesjustizministerium als dem für das Insolvenzrecht zuständigen Ministerium recht eng. Warum die Kommission mit diesem Vorschlag kam, erörtern wir im nachfolgenden Abschnitt. Doch auch jetzt noch war man hierzulande überwiegend der Ansicht, dass es keinerlei Handlungsbedarf gebe. Weil andere Länder vergleichbar stur reagierten, trat die Kommission aufs Gaspedal und erließ ein paar Jahre später eine Richtlinie, die so etwas wie ein Modellgesetz darstellt, das die Mitgliedstaaten dann mit den gebotenen Anpassungen und Modifikationen übernehmen und als nationales Gesetz erlassen müssen. Um diesem Umsetzungsgebot nachkommen zu können, wird üblicherweise eine mehrjährige Frist eingeräumt, meist sogar mit bereits vorab angekündigter Verlängerungsmöglichkeit, die gerade

Deutschland vielfach bis zur letzten Neige auskostet – und gerne auch darüber hinaus. Doch dann kam die Pandemie, und es drohte eine massive Insolvenzwelle über das Land hereinzubrechen. Politisch war das nun allerdings noch viel weniger gewollt, und so ging es mit einem Mal ganz fix: Deutschland war bei der Umsetzung der Richtlinie einer der ersten Mitgliedstaaten und hat seither das Gesetz über den Stabilisierungs- und Restrukturierungsrahmen für Unternehmen – abgekürzt: StaRUG.

Das Wichtigste daran ist: es gibt kein Insolvenzverfahren und damit auch keine Veröffentlichung des Verfahrens bei den Insolvenzbekanntmachungen! Stattdessen kann sich der Schuldner dann, wenn sich seine Pleite am Horizont – genauer: binnen der nächsten zwei Jahre – abzeichnen sollte, die seiner Einschätzung nach zentralen Gläubiger aussuchen, von denen er eine Rückzahlungserleichterung braucht, um nicht in ein Insolvenzverfahren reinzurauschen. Wenn er mit ihnen über eine Restrukturierung verhandelt und dabei natürlich eine ganze Reihe von hier nicht weiter interessierenden Voraussetzungen erfüllt und Schutzmechanismen minutiös beachtet, kann er eine Bindung aller betroffenen Gläubiger erreichen, selbst wenn nicht jeder einzelne zugestimmt haben sollte. Vielmehr reicht aus, wenn, etwas vereinfacht gesagt, mindestens 75% der Gläubiger zugestimmt haben.

Das ist insoweit recht revolutionär, als in Deutschland zuvor noch außerhalb eines Insolvenzverfahrens jede einzelne Vertragspartei dem Grundsatz einer beabsichtigten Änderung eines Vertrages zustimmen musste; erforderlich war also so gut wie immer Einstimmigkeit. Das ist nach dem neuen Gesetz nicht mehr so. Da reicht eine qualifizierte Mehrheit aus, um gleichwohl auch die ablehnenden Gläubiger an das Resultat der Abstimmung binden. Darin liegt auch das besondere Insolvenzrechtliche des neuen Verfahrens: Es verlagert die Möglichkeit zu einer alle Gläubiger bindenden Mehrheitsentscheidung vor; sie hatte es bislang nur jenseits des Rubikon im Rahmen eines Planverfahrens gegeben.

Der wohl befürchtete Run auf das neue Verfahren ist bislang allerdings ausgeblieben und man rätselt, warum das der Fall ist. Vielleicht ist ja bereits der Einwilligungsdruck auf die an sich skeptischen Gläubiger durch die bloße Möglichkeit, ein derartiges StaRUG-Verfahren einleiten zu können, groß genug, um sie von einem Widerspruch abzuhalten. Das wäre ungefähr so, als würde man auf den Baseball-Schläger da hinten in der Ecke verweisen, den man bei den Verhandlungen als überzeugungsbildendes Instrument einsetzen könnte. Vielleicht aber hängt die Zurückhaltung auch damit zusammen, dass bestimmte flankierende Maßnahmen, die ausweislich der europäischen Richtlinienvorgabe hätten angeboten werden können, kurz vor Torschluss dann doch wieder aus dem Entwurf genommen worden sind. Dadurch hat das neue Instrument für eine ganze Kategorie von Schuldnern gleich von Beginn an Attraktivität verloren.

Was auch immer die Gründe sein mögen: Jetzt kann wie in einem insolvenzbezogenen Planverfahren mittels Mehrheitsbeschlusses eine Bindung aller adressierten Gläubiger herbeigeführt werden. Der Rubikon ist damit in seinen Konturen ein wenig verwackelt worden. Und genau das hat sich Eterna zunutze gemacht und hat sich auf den Pfad der Nachhaltigkeit zurückkatapultiert.

Die Funktion des Insolvenzvermeidungsverfahrens, Teil 3

Hier ist die soeben noch aufgeschobene Frage zu beantworten, warum denn die Europäische Kommission so versessen darauf war, dass sämtliche Mitgliedstaaten ein Verfahren zur Vermeidung eines Insolvenzverfahrens einführen? Was ist, anders formuliert, so unangenehm an einem Insolvenzverfahren, von dem wir an anderer Stelle (S. 60) noch konstatiert haben, dass es ein für die Finanzstabilität eines jeden Landes unerlässliches Instrument und daher von zentraler Bedeutung für die Wirtschaft insgesamt ist?

Die Antwort ist an sich recht einfach, wenn man sich einmal den Aufwand eines Insolvenzverfahrens vorstellt: Da werden sämtliche Gläubiger mit all ihren Forderungen zusammengefasst, und es wird das gesamte Vermögen des Schuldners in Beschlag genommen. Und das, wo in gar nicht einmal wenigen Fällen eine Rettung bereits möglich wäre, wenn nur die Hauptgläubiger oder eine Gruppe von Gläubigern auf einen Teil ihrer Forderungen verzichteten. Da erscheint das Insolvenzverfahren an sich wie ein overkill. Das ist ein bisschen wie in der Medizin: Wo früher ein blutreiches Gemetzel notwendig war, erlaubt eine moderne Operation einen minimalinvasiven Eingriff. Und genau das ist das Ziel der Insolvenzvermeidung.

Es kommt aber noch ein weiteres hinzu, worauf vor allem die Europäische Kommission nicht müde wird hinzuweisen: Nach ihrer

Einschätzung gehen jährlich europaweit eine Million Arbeitsplätze auf Grund der Eröffnung von Insolvenzverfahren verloren. Die könne man, so der suggerierte Gedankengang der Kommission, retten, wenn man es gar nicht erst zu einem Insolvenzverfahren kommen lassen würde. Das klingt beeindruckend, ist aber natürlich nicht ganz vollständig gedacht. Denn eine Million Arbeitsplätze in Zombie-Unternehmen zu retten, ist kontraproduktiv für die Wirtschaft und das allgemeine Wohlergehen insgesamt; das haben wir bereits anlässlich der Borgward-Pleite erläutert. Außerdem ist in dieser horrenden Zahl nicht mitenthalten, dass Unternehmen selbst im Falle eines Liquidationsverfahrens regelmäßig unter anderer Inhaberschaft oder gar in anderer Form weitermachen. Dadurch entsteht dann wiederum ein neuer Bedarf an Arbeitsplätzen.

Wie dem aber auch immer sei: Selbst, wenn der minimalinvasive Eingriff nur deutlich weniger Arbeitsplätze als von der EU-Kommission unterstellt retten kann, ist ein solches Verfahren allein schon aus Gründen der Kosteneinsparung sinnvoll. Es muss nur sichergestellt sein, dass es nicht von einzelnen Schuldnern zu Lasten der betroffenen Gläubiger missbraucht wird. Da allerdings muss man sich beim deutschen Gesetzgeber keine allzu großen Sorgen zu machen: Das deutsche Gesetz hat mehr als 100 Paragraphen, sein holländisches Pendant ca. 25 und das englische weniger als 10. Das hiesige Kontrollnetz ist, mit anderen Worten, mit deutscher Gründlichkeit engmaschig geknüpft.

Wann Vermeidung, wann Planverfahren?

Bei der obigen Darstellung der Fakten wurde gesagt, dass Eterna 2021 noch „hinreichenden Handlungsspielraum“ hatte, um die eigene Rettung zu betreiben. Das erscheint erklärungsbedürftig und soll daher hier ein wenig genauer betrachtet werden. Wie schon mehrfach erwähnt, sind die Chancen für eine erfolgreiche Sanierung umso größer, je frühzeitiger sich ein Unternehmen mit den aufkommenden Problemen auseinandersetzt und gegenzusteuern beginnt. Man kann sich in einem ganz frühen Stadium beispielsweise mit seinen wesentlichen Gläubigern zusammensetzen und über eine Restrukturierung der Verbindlichkeiten reden. Da muss es keineswegs immer und zwingend um Verzicht (sei es des Zinses, sei es der Hauptsumme) gehen; nicht selten genügt etwa auch eine bloße Verlängerung der Rückzahlungspflicht. Wenn sich alle Gläubiger von der Notwendigkeit überzeugen lassen und zustimmen, ist damit ein Vertrag zustande gekommen, der von dem Moment an die neue rechtliche Grundlage der Beziehungen ist.

Es gibt allerdings so etwas wie ein naturgesetzliches Phänomen, dass ab einer bestimmten Größenordnung (manchmal freilich auch schon darunter) wenigstens einer der Gläubiger aus einem derartigen Konsens ausschert und auf Einhaltung der vereinbarten Zahlungsmodalitäten besteht. Das ist aus der Perspektive eines Herdenverhaltens irritierend und nicht selten auch ärgerlich; aus juristischer Perspektive jedoch ist diese Verweigerungshaltung nur in den allerseltensten Fällen wirklich vorwerfbar. Denn es ist ein an Grundsätzlichkeit kaum zu überbietender Fundamentalsatz des Vertragsrechts, dass Verträge eingehalten werden müssen: *pacta sunt servanda.* Das bedeutet, dass in den allermeisten Fällen niemand dazu gezwungen werden kann, gegen seinen Willen andere Vertragsmodalitäten zu akzeptieren als eben gerade die, auf die man sich ursprünglich geeinigt hatte. Ein wenig anders formuliert, wird im deutschen Recht grundsätzlich niemand dazu angehalten, seinem Schuldner wieder auf die Beine zu helfen, bloß weil andere Gläubiger dieses Schuldners zu derartiger Hilfe bereit oder von dessen Notwendigkeit überzeugt sind.

Das ist nunmehr jedoch nicht mehr ganz zutreffend. Das neue Gesetz erlaubt dem Schuldner, Druck auf seine Gläubiger auszuüben und sie zu einem Einlenken zu bewegen, wenn sie es nicht von sich aus zu tun bereit sind – und wenn eine hinreichende Mehrheit der anderen Gläubiger zur Hilfestellung entschlossen ist. Dies gilt zumindest dann, wenn das schuldnerische Unternehmen mit Problemen zu tun hat, die sich mit Hilfe des neuen Gesetzes beheben lassen. Das sind vor allem rein finanzielle Probleme gegenüber Finanzgläubigern wie etwa Banken oder Lieferanten, nicht aber, wenn beispielsweise zu viele Arbeitnehmer beschäftigt sind, oder wenn die Mietverträge zu kostspielig geworden sein sollten. Denn das neue Gesetz nimmt kategorisch Arbeitsverhältnisse aus seinem Anwendungsbereich heraus; die sollen von diesem Verfahren auf alle Fälle unbehelligt bleiben. Das neue Gesetz erlaubt aber auch nicht, dass unter seiner Ägide bestimmte Verträge beendet oder modifiziert werden. Beispielsweise kämpfen große Warenhauskonzerne schon seit langem mit den Kosten ihrer Mietverhältnisse. Wenn sie also Korrekturen mit Hilfe des insolvenzrechtlichen Instrumentariums erreichen wollen, müssen sie das im Rahmen eines regulären Insolvenzverfahrens tun; das Insolvenzvermeidungsverfahren hilft ihnen nichts.

Aber auch darüber hinaus gibt es eine ganze Reihe von weiteren Vorteilen, die ein reguläres Insolvenzverfahren vorweisen kann.

Sie sind großenteils technischer Art und haben das Potential großer Attraktivität in sich. Um das aber entfalten zu können, dürfte der Makel der Insolvenz aber nicht so ausgeprägt wie hierzulande sein. Das zeigt sich geradezu paradigmatisch an Hand einiger US-amerikanischer Fälle – wo also der Makel der Insolvenz kaum eine Rolle spielt –, die wir im allerletzten Kapitel zumindest kurz ansprechen werden. Ihnen ist gemeinsam, dass Unternehmen dort gezielt in ein Insolvenzverfahren hineingehen, um sich mit Hilfe der dort im Angebot stehenden Optionen von lästigen Verbindlichkeiten zu befreien.

Abbildung 9. Hyperinflation 1922/1923 demonstriert am Beispiel von Briefmarken.

Im rechtlichen Niemandsland:

Staatspleiten in Deutschland und anderswo

Dass hier nun ein Land als Pleitier besprochen wird, noch dazu das eigene, dürfte für viele, milde gesagt, eine Überraschung sein. Denn unbeschadet dessen, was man im Rahmen allgemeiner medialer Informationen in den letzten zwei Jahrzehnten über die Staatspleiten von Argentinien und Griechenland erfahren hat – dass es auch das eigene Land einmal getroffen haben soll, scheint starker Tobak zu sein. Und doch: Deutschland war im 20. Jahrhundert gleich zweimal pleite – jeweils als Folge der beiden Weltkriege. Aber auch hier soll alles der Reihe nach gehen.

Die Geschehnisse

Kriege zu führen, war schon immer ein besonders teures Unterfangen. Der Kapitalbedarf pflegt unter derartigen Umständen geradezu exponentiell zu wachsen. Dafür gibt es eine Menge von Beispielen durch mindestens die letzten 500 Jahre hindurch. Besonders teuer sind Kriege freilich dann, wenn man sie verliert. Dann nämlich kommen zu den Eigenausgaben noch die nachträglich von den Siegern auferlegten Reparationszahlungspflichten hinzu – also eine Art von Ersatz für die angerichteten Schäden. Nach dem ersten Weltkrieg wurde die entsprechende Rechnung Deutschland in Gestalt des Versailler Vertrags von 1919 präsentiert. Dass er von dem mitunterzeichnenden italienischen Ministerpräsidenten Francesco Nitti als eine „Fortsetzung des Krieges mit anderen Mitteln" bezeichnet wurde, ist eine in mehrfacher Hinsicht aufschlussreiche Aussage. Zum einen knüpft sie nahtlos sowohl an die zuvor schon einmal zitierte Aussage des zweiten Präsidenten der USA, John Adams, an, wonach ein Land auch mit Schulden unterworfen werden kann. Zum anderen fügt sie sich nahtlos in das im Kontext des Machtkampfs zwischen Gläubiger und Schuldner (S. 50 ff.) Gesagte an. In Fällen wie diesen ist in dem Vertrag rein gar nichts zu finden, was auch nur Anklänge an ein „Sich-Vertragen" enthielte.

Und schließlich bringt die Feststellung des italienischen Ministerpräsidenten anschaulich zum Ausdruck, dass vermutlich wohl eines der Ziele des Vertrages der Zahlungsausfall Deutschlands war. Und damit ist man bei der Staatspleite, die, wie wir alsbald noch ansprechen werden, auch damals schon allseits bekannt war. Unmittelbar ausgelöst durch die Besetzung des Ruhrgebiets, wurde der durch die Reparationspflichten in Verbindung mit den Gebiets- und Einnahmeverlusten sowie dem während des Krieges etwa durch Kriegsanleihen in der eigenen Bevölkerung massiv angewachsene Schuldenberg 1923 in eine die deutsche Bevölkerung nachhaltig traumatisierende Inflation gelenkt, die binnen weniger Monate den Wert einer Reichsmark im Verhältnis zu dem von 1920 auf ein Billiardstel (!) reduzierte. Geldentwertung in Verbindung mit Inflation war schon immer (und ist immer noch) ein probates Mittel für die Schuldentilgung. Die Regierung unter Stresemann bekam die Situation wieder in den Griff durch ein ganzes Bündel von Maßnahmen, dessen wohl wichtigste die Aufwertung war, die zunächst zur Rentenmark und im Sommer 1924 zur Einführung der neuen Reichsmark führte. Allerdings wuchs der Schuldenberg Deutschlands in der Weimarer Zeit wieder erheblich an, weil man nach inflationsbedingter Tilgung weiter Teile der vorherigen Verbindlichkeiten neue wieder aufnahm.

Dann kam es bekanntlich zehn Jahre später zu Hitlers Machtergreifung, sechs Jahre später zum zweiten Weltkrieg und weitere sechs Jahre darauf zur Niederlage. Damit war Deutschland in finanzieller Hinsicht gewissermaßen wieder beim Ausgangspunkt von 1923 angekommen. Die zweite Pleite Deutschlands binnen weniger als einem halben Jahrhundert war perfekt. Die resultierte freilich nicht aus massiven Auslandsschulden; dieser Krieg war zu weiten Teilen binnenfinanziert gewesen. Die zweite Pleite resultierte vielmehr aus den auch nach diesem Krieg (nicht weiter verwunderlichen) immensen Reparationsverpflichtungen.

Was sich in diesem Kontext allerdings letzten Ende als ausgesprochen hilfreich für Deutschland erweisen sollte, war die Aufteilung seines Territoriums unter den Siegermächten. Diese nämlich konnten sich nicht auf eine gemeinsame Linie verständigen. Die Sorge vor einer Ausdehnung der Sowjetunion und damit dessen, was später dann als „Ostblock“ bezeichnet wurde, determinierte Denken und Tun der Westmächte in einem ganz erheblichen Ausmaß. So sehr, dass sie sich darauf einließen, mit der Bundesrepublik über die Zahlungsverpflichtungen zu verhandeln. Innerhalb Deutschlands betont man in diesem Kontext gern das besondere Geschick des im Kontext der Holzmann-Pleite bereits angesprochenen deutschen Unterhändlers Hermann Josef Abs; doch tut man gut daran, sich mindestens gleichermaßen einmal darüber Klarheit zu verschaffen, dass es die Gläubiger waren, die sich der Neuordnung und Restrukturierung des ihnen Geschuldeten gegenüber offen zeigten und in Verhandlungen eintraten.

Diese währten etwa ein Jahr und mündeten 1953 in das Londoner Abkommen über deutsche Auslandsschulden, in dem vorrangig ein Zahlungsaufschub (Moratorium) bis hin zu einem endgültigen Friedensvertrag gewährt wurde. Dadurch kam es überhaupt erst zu dem gewaltigen Schub in der bundesrepublikanischen Gesellschaft, der das seinerzeitige „Wirtschaftswunder“ in Gang setzte. Dieses Londoner Schuldenabkommen ist ein Vertrag zwischen Deutschland und seinen Gläubigern, allen voran den USA und Großbritannien. In ihm ist nicht nur das weitere Vorgehen hinsichtlich weiter Teile der Vorkriegsschulden geregelt – nach 1932 hatte Deutschland keine Reparationen mehr bezahlt; geregelt ist darüber hinaus das künftige Vorgehen hinsichtlich der aus der Wiederaufbauhilfe und den neuen Kriegsschulden resultierenden Schuldenlast. Der in Frage stehende Gesamtbetrag addierte sich damit auf ca. 30 Milliarden Deutsche Mark. Davon wurden etwa 50 % erlassen und der Rest zinsgünstig umgeschuldet und einem einheitlichen Rückzahlungsmodus unterworfen.

Das kann man auch als einen späten Erfolg John Maynard Keynes verstehen, der in den 20er Jahren des 20. Jahrhunderts angesichts der durch den Versailler Vertrag auferlegten, riesigen Zahlungsverpflichtungen Deutschlands prognostiziert hatte, dass die komplette Ausblendung der Zahlungskapazität zu politischen Verwerfungen führen würden. Das hatten die Siegermächte nach dem Zweiten

Weltkrieg verstanden und haben den früheren Webfehler ihres an sich verständlichen Wiedergutmachungsbestrebens nicht wiederholt.

Darüber hinaus enthält der Vertrag noch einige weitere interessante Regelungen. So ist etwa festgehalten, dass der Schuldendienst nicht durch Rückgriff auf die Reserven oder durch neue Kreditaufnahmen finanziert werden solle, sondern nur aus laufenden Überschüssen. Wenn also einmal keine Handelsbilanzüberschüsse erzielt wurden, konnte der Schuldendienst auch unterbrochen werden. Überdies sollte ein eigens geschaffener Schiedsgerichtshof die alleinige Kompetenz haben, über Streitigkeiten im Zusammenhang mit dem Abkommen zu entscheiden.

Diese großzügige Regelung ermöglichte, wie bereits erwähnt, den Wiederaufbau Deutschlands. Etwa dadurch, dass Teile des durch den Verzicht der Siegermächte Ersparten dazu genutzt wurden, die bereits 1948 gegründete Kreditanstalt für Wiederaufbau (KfW) erheblich aufzustocken und so bei der Wirtschaftsentwicklung gleichsam einen Turbo zu zünden. Was gerade aus heutiger Perspektive gesonderte Hervorhebung verdient, ist, dass Deutschland im Jahr 1958, also nach voller Entfaltung der Abkommenswirkungen, eine Schuldenquote von gerade einmal 6.2% hatte; vor dem Abschluss des Abkommens lag sie bei 21.2%. Nach den sogenannten Maastricht-Kriterien soll diese Quote heutzutage 60% nicht überschreiten, ist aber in praktisch allen Mitgliedstaaten – zum Teil erheblich – überschritten.

Rechtliche Hintergründe

Was hier als rechtliche Hintergründe vorgestellt werden soll, ist an sich ein Armutszeichen des Juristenstandes. Denn während üblicherweise ansonsten, wenn ein neues Problemfeld entdeckt wird – etwa die Prüfungspraxis bei den Staatsexamina, die Pandemie, die Energiekrise, etc. –, in der Zunft gleich ein neues Rechtsgebiet geschaffen und gern in Deutschland auch noch mit einer eigenen Zeitschrift in den Adelsstand besonderer Gewichtigkeit gehoben wird, ist die seit buchstäblich Jahrtausenden bekannte Staatspleite bei den Juristen noch nicht einmal als Arbeitsgegenstand angekommen. Das antike Rom könnte im 3. Vorchristlichen Jahrhundert anlässlich der Kriege gegen Karthago pleite gewesen sein; darauf deuten wiederholte Abwertungen seiner Währung hin. Spanien war es allein unter seinem König Philipp II. gleichfalls vor gut 500 Jahren, und zwar gleich dreimal. Und in den letzten gut 200 Jahren hat es wohl an die 300 Staatspleiten gegeben, von denen es hierzulande in jüngster Zeit eigentlich nur die von Argentinien um die Jahrtausendwende und dann die Beinahe-Pleite Griechenlands zehn Jahre später auf den Radar breiterer öffentlicher Wahrnehmung geschafft haben – jüngst dann auch noch Sri Lanka. Dass aber beispielsweise nahezu sämtliche Inselstaaten der Südsee und Karibik wie auch sonst noch viele weitere Staaten gegenwärtig nahezu durchgängig pleite sind oder doch auf dem Sprung dahin, nimmt kaum jemand zur Kenntnis. Wesentlicher Grund für die Malaise der Inselstaaten ist übrigens die Erderwärmung, die die Reparatur der Küsten und der Strände zu einer geldfressenden Daueraufgabe machen. Gegenwärtig haben die Extrakosten der Pandemie, des russischen Krieges gegen die Ukraine und der damit zusammenhängenden Hunger- und Energiekrise etwa 70 Staaten an den Rand der (oder gar schon in die) Pleite gebracht.

Und die Juristen haben darauf keine Antwort! Bis vor ca. 120 Jahren hat man stattdessen Zahlung schon auch mal mit Androhung von Gewalt erzwungen. Im Jahr 1904 tauchten beispielsweise englische, deutsche und italienische Kanonenboote vor dem Hafen von Caracas auf, um Venezuela zur Zahlung seiner Schulden „aufzufordern". Das war schon damals ein Verhalten, das ganz nah an Erpressung grenzte; dementsprechend wurde bald darauf im Völkerrecht eine Regel (Drago-Porter-Doktrin) allgemein anerkannt, wonach die Anwendung von physischer Gewalt bei der Eintreibung von Schulden verboten ist.

Freilich hatten auch schon damals immer mal wieder Schuldner mit ihren Gläubigern Verhandlungen geführt. Genau das tut man auch heute noch, wobei freilich immer wieder die Besonderheiten des Einzelfalls eine ganz maßgebliche Rolle gespielt haben und spielen. So waren etwa die Pleiten von Ägypten und der Türkei im 19. Jahrhundert insofern recht vergleichbar, als mehr oder minder gleiche Staatsgläubiger betroffen waren. Gleichwohl bekam Ägypten einen Behandlungsbonus. Der Grund dafür ist recht simpel und hat wenig mit Recht und Gerechtigkeit zu tun: Der auch damals schon für den Welthandel eminent wichtige Suez-Kanal geht durch das Herrschaftsterritorium Ägyptens, nicht aber auch durch das der Türkei! Wie gezeigt, kam Deutschland knapp 100 Jahre später seine Rolle als Bollwerk gegen die Sowjetunion zugute, als es um die Bewältigung der Zahlungsunfähigkeit nach dem Zweiten Weltkrieg ging. Und diese Einzelfallabhängigkeit ist bis heute eine Art von dominierendem Prinzip. Trotz gesteigerter Bemühungen gerade der letzten 20 Jahre beherrscht immer noch eine Einzelfallbetrachtung den Umgang mit aktuellen oder befürchteten Staatspleiten.

Aus juristischer Perspektive ist das so, als würde die üblicherweise mit einer Augenbinde dargestellte Personifikation der Gerechtigkeit *Iustitia* diese Binde in jedem Fall ein wenig hochschieben, um sich durch einen schnellen Blick auf die dieses Mal betroffenen Akteure zu vergewissern, in welche Richtung sie diesmal wirken sollte. Dass das nicht angeht, sollte gerade in Europa keiner weiteren Ausführungen bedürfen. Hat sich doch gerade dieser Kontinent seit langer Zeit aufs Banner geschrieben, Recht und Rechtsstaatlichkeit besonders hoch zu halten. Essentieller Teil der ansonsten im Detail nur schwer greifbaren Rechtsstaatlichkeit ist die Transparenz und Vorhersehbarkeit der Verfahrensregeln.

Und doch! Weder in Europa noch sonst irgendwo auf der Welt gibt es so etwas wie einen rechtlich verbindlichen Rahmen dafür, wie man bei einer Staatspleite verfahren soll. Wie schon in der Einleitung anempfohlen: Versetzen Sie sich einfach einmal in die Rolle eines Staatschefs oder seines Finanzministers! Die erhalten als Privatleute zwar seitenlange Anweisungen dazu, wie sie eine neu gekaufte Fitnessmaschine oder elektrische Zahnbürste zu bedienen und zu pflegen haben; als Staatsbeamte sind sie an ellenlange Vorschriften gebunden, wie sie etwa den Haushalt aufzustellen oder diplomatische Verknüpfungen zu binden haben. Wenn es aber zum Supergau kommt, zur Pleite ihres Staates, gibt es nicht die kleinste Verhaltensanweisung oder -empfehlung!

Wenn sie sie überhaupt erkennen, rechtfertigen Juristen ihre Untätigkeit gerne damit, dass es nicht angehe, einen Staat in ein Kollektivverfahren hineinzuzwängen. Das stelle eine Verletzung der Souveränität eines jeden Staates dar. Das ist ein großes Wort und so etwas wie ein Killerargument in Juristenkreisen. Denn dieses Konzept statuiert die Gleichheit der Staaten – die von China ebenso wie die von Belize oder Dänemark. Sie bewirkt, dass Länder wie die Seychellen oder São Tomé und Príncipe bei Abstimmungen in den Vereinten Nationen eine ebenso gewichtige Stimme haben wie etwa die USA, Deutschland oder Japan. Und wie viel Wind und Emotionen man mit der Berufung auf die volle Souveränität aufwirbeln kann, haben wir alle vor kurzem erst wieder bei der britischen Debatte um den Brexit erleben dürfen.

Die Idee dieser geradezu sakrosankten Souveränität geht zurück auf den französischen Philosophen Jean Bodin (ca. 1530 – 1596). Der traf mit seinen Veröffentlichungen offenbar einen Nerv seiner Zeit, denn die Idee korrespondierte mit dem Absolutismus geradezu wie das Ineinandergreifen der Figuren von Yin und Yang. Insbesondere der französische König Ludwig XIV. als geradezu paradigmatischer Repräsentant dieser Epoche war begeistert von der damit erfassten Verbürgung der internen Gestaltungsfreiheit und des Gewaltmonopols eines jeden Staates wie auch dessen jeweilige Unabhängigkeit. Seither behauptet sich dieses Konzept und hat gewisslich eine ganze Anzahl guter Entwicklungen angestoßen. Aber es ändert natürlich rein gar nichts an den faktischen Ungleichheiten zwischen den Staaten, die sich gerade dann besonders deutlich manifestieren, wenn der eine Gläubiger, der andere Schuldner ist.

Im deutschen Gesetz findet sich wie in vielen anderen Parallelgesetzen überall auf der Welt die explizite Aussage, dass der Staat nicht der Schuldner eines Insolvenzverfahrens sein könne. Die traditionelle Begründung dafür lautet, dass der Staat ja die Steuern erhöhen könne; und außerdem gebe es ja noch die Geldpresse. Beides sind schon immer bemerkenswert zynische Argumente gewesen. Denn das erste impliziert, dass eine Staatspleite erst dann eintreten könne, wenn alle Bürger und Unternehmen eines Staates ihrerseits deswegen pleite sind, weil sie zu 100% Steuern zahlen müssen. Das zweite Argument spielt mit dem Hinweis auf die Geldpresse auf die Inflation an, deren schlimmsten Auswüchse gerade Deutschland in der Weimarer Zeit erlebt hat. Stefan Zweig beschreibt in seinen Lebenserinnerungen „Die Welt von gestern" ganz besonders eindringlich, wie lausig es sich so lebt unter derartigen Umständen.

Dass das Thema seit etwa 40 Jahren in etwas breiteren Teilen der Öffentlichkeit überhaupt zur Kenntnis genommen wird, verdankt sich auf jeden Fall mal nicht den Juristen. Vielmehr ist das in erster Linie Verdienst des Engagements der Zivilbevölkerung. Es waren vor allem englische, aber auch deutsche, afrikanische und lateinamerikanische Nichtregierungs-Organisationen (NGOs), die die Forderung nach der Einführung eines geordneten – und damit rechtlichen – Rahmens für die Bewältigung von Staatspleiten aufstellten. Am 1. Januar 2000 erhielt dieses Anliegen einen gewaltigen Schub, als der damalige Papst Johannes-Paul II in seiner alljährlichen Neujahrsansprache „urbi et orbi" dazu aufrief, dieses erste Jahr des neuen Jahrhunderts und Millenniums zu einem Jubeljahr werden zu lassen, indem sämtlichen Entwicklungsstaaten all ihre Schulden erlassen würden.

Die Akklamation des Jubeljahres ist mehr als nur eine wohlklingende Worthülse; dahinter steckt die Berufung auf eine uralte Tradition. In dreien der fünf Bücher Moses findet sich die Beschreibung des Erlassjahres. Alle sieben Jahre sollen danach bestimmte Schulden innerhalb der jüdischen Gemeinde gestrichen werden. Und das Jahr nach dem siebenten Erlassjahr, also alle 50 Jahre, solle ein Jubeljahr sein, in dem es zu einem Rundumerlass sämtlicher Verbindlichkeiten kommen solle. Ob das jemals in der Lebenswirklichkeit tatsächlich umgesetzt worden ist, weiß natürlich kein Mensch. Doch hat viele, viele Jahrhunderte später, nämlich im Jahr 1300 n. Chr., der damalige Papst Bonifaz VIII angeordnet, dass diese Tradition ins Christentum übernommen werden, und dass es mithin auch unter Christen (freilich nur alle 100 Jahre) zu einem Totalerlass von Schulden kommen solle.

Lösungsvorschläge

Ob es auch mit diesem hoch publikumswirksamen Aufruf zu tun hatte oder ob der Auslöser doch allein die damals aufkeimende Pleite Argentiniens war, sei dahingestellt: Es war jedenfalls überraschend, dass im Jahr 2001 der Internationale Währungsfonds (IWF) anlässlich der alljährlichen Herbsttagung der Bretton Woods-Institutionen mit einem bemerkenswert detaillierten Vorschlag für ein geordnetes und rechtlich fixiertes Verfahren auftrat. Allein schon mit der Namensgebung offenbarte der IWF seine Kenntnis der globalen Empfindsamkeit gegenüber jeglichem Insolvenzverfahren; er nannte seinen neuen Verfahrensvorschlag nämlich: Sovereign Debt Restructuring Mechanismus (Restrukturierungsmechanismus für souveräne Schulden).

Aber wiedermal der Reihe nach. Warum eigentlich soll man ein geordnetes Verfahren für pleite gehende bzw. gegangene Staaten brauchen? Die – wie gezeigt – schon ewig währenden Erfahrungen zeigen doch, dass es auch ohne geht. Deutschland gibt es immer noch, Spanien, Griechenland, Türkei, Argentinien und alle weiteren früheren Pleitestaaten ebenfalls. Also, was soll's? Außerdem gibt es bereits den Pariser und den Londoner Club.

Diese beiden Clubs sind jeweils rein inoffizielle Veranstaltungen, in denen sich bestimmte Gläubiger mit möglichen Schuldenerlassen auseinandersetzen. Der Pariser Club tut das in Bezug auf bestimmte Gläubigerstaaten – diejenigen, die in der zweiten Hälfte des letzten Jahrhunderts die primären Geldgeber gewesen sind.

Dazu gehört allerdings nicht China. Das hat sich jedoch zwischenzeitlich zu dem wichtigsten bilateralen, offiziellen Darlehensgeber gemausert. Wenn aber die traditionellen Staaten als Gläubiger agieren, dann kann sich der in Nöten befindliche Staat an diesen Club wenden und um Nachlass oder Zahlungserleichterung bitten.

Der Londoner Club tut das gleiche, nur in Bezug auf private Banken als Darlehensgeber für Staaten. Banken als Darlehensgeber sind schon immer und für jeden Staat attraktiv gewesen. Der Staat gibt als Gesetzgeber sogar gern auch mal Anreize für die Darlehensbereitschaft, indem er den Risikofaktor der staatlichen Anleihen als minimal, gegebenenfalls auch mal mit Null angibt. Dadurch eröffnen sich für die Banken attraktive Optionen, so dass Banken und Staaten gerne so etwas wie eine leicht unheilige Allianz einzugehen pflegen. Daraus resultiert dann auch gern ein wechselseitiges Insolvenzrisiko: Erwischt es den einen Teil dieser Allianz, ist regelmäßig der andere gleichfalls gefährdet. Vor 500 Jahren hatte es die Augsburger Bankiersfamilie der Welser getroffen, als der spanische König Philipp II. „seine" dritte Pleite hingelegt hatte (die Banker aus Genua waren da deutlich klüger im Umgang mit diesem König). Der Sache nach drohte sich in jüngerer Vergangenheit Vergleichbares in den Fällen von Island, Irland und Zypern zu wiederholen.

Nun ist aber nach vielen Wechseln etwa seit den späten 80er Jahren des letzten Jahrhunderts der direkte Zugang zum Kapitalmarkt attraktiv geworden. Damit traten als Gläubiger von Staaten nicht mehr so sehr andere Staaten oder private Banken in den Vordergrund, sondern all diejenigen Privatleute und Institutionen, die sich bei der Bank eine Staatsanleihe als Wertanlage gekauft haben. Diese Privaten sind nicht nur Sie und ich, sondern auch riesige Versicherungsfonds und sonstige Vermögensanlagengesellschaften. Die kaufen solche Anleihen in gegebenenfalls enormen Ausmaßen und sind damit der Sache nach nichts anderes als Darlehensgeber für die Staaten. Für diesen, in Fachkreisen „privaten Sektor" genannten Kreis gibt es keinen Club (Berlin wollte das mal ändern, hat dann aber zurückgezuckt). Damit tritt hier die Frage auf, wie man mit der Schuldenregulierung umgehen soll.

Hier also tut sich die große Lücke auf, um deren Schließung es geht. Gleichwohl sind die zuvor aufgeworfenen Fragen nach dem Wozu berechtigt. Es geht offenbar ja auch ohne rechtlich geregeltes und geordnetes Verfahren. Antworten gibt es jede Menge. Ein paar von ihnen sollen exemplarisch verdeutlichen, dass man dabei breit streuen kann.

So lässt sich in politischer Hinsicht sagen, dass beispielsweise im Falle Griechenlands ab 2010 deutlich weniger Porzellan zerbrochen worden wäre, wenn nicht bei der öffentlichen Diskussion die deutsche Bundeskanzlerin und der französische Staatspräsident mit ihren jeweiligen Finanzministern so im Vordergrund gestanden hätten, sondern statt deren eine neutrale Instanz – vergleichbar einem supranationalen Gericht.

In wirtschaftlicher Hinsicht dürfte die Bewältigung von Staatspleiten deutlich kostengünstiger ausfallen, weil nicht jedes Mal wieder das Rad neu erfunden werden müsste. Ökonomen scheuen allerdings davor zurück, einmal zu berechnen, was die Kosten eines Nicht-Verfahrens sind; diese Berechnung sei zu komplex, um verlässliche Ergebnisse erzielen zu können. Naja – vor einigen Jahrzehnten hat die europäische Einigung mal einen massiven Schub erhalten, nachdem der italienische Ökonom Cecchini eine Studie über „The Costs of Non-Europe“ erstellt hatte. Die Ökonomen-Kollegen hatten danach allerdings nichts mit größerer Inbrunst getan, als die Fehler in den Berechnungen Cecchinis aufzulisten.

Dann gibt es noch einen Grund ganz eigener Art, der mit der oben beim FlowTex-Fall schon einmal angesprochenen fieberhaften Suche nach einem perpetuum mobile zu tun hat: Es nimmt heute kein einziger Staat mehr Geld auf in der Absicht, das mit selbst erwirtschafteten Mitteln zurückzubezahlen. Rückzahlungen werden vielmehr mit neuen Darlehen erbracht. Das aber führt zu einem dauerhaften Anwachsen des Schuldenbergs. Ob das auf die

Dauer gut geht, kann man auch bei diesem sich selbst genügenden Bewegungssystem mit Fug und Recht anzweifeln. Und schließlich lässt sich noch in rechtlicher Hinsicht als Antwort auf das ‚Wozu-ein-Verfahren?' auf den unschätzbaren Vorteil eines jeden Verfahrens verweisen, dass nämlich von vornherein geklärt ist, welche Schritte man zu tun hat. Das allein verhilft schon zu einer Orientierung in chaotischer Situation.

Das Staatsoberhaupt und sein Finanzminister hätten dann also den Leitfaden in der Hand, der ihnen bislang vorenthalten ist. So lange das nicht der Fall ist, kommt noch als weiteres hinzu, dass die derzeit bestehende Ungewissheit gegebenenfalls zu einer Lähmung oder doch zu unguten Konsequenzen führt. Denn ohne vorgegebene Abläufe und ohne nachherige Kontrollmöglichkeiten können sich einzelne Gläubiger jede Menge Vorteile verschaffen, wenn sie sich auf Verhandlungen mit dem Schuldnerland einlassen sollen, um über eine Schuldenreduzierung zu verhandeln. So lächerlich es auch erscheinen oder klingen mag: Staaten verhalten sich diesbezüglich kaum anders als Unternehmen oder Einzelpersonen. Der eigene Vorteil ist das Zentralgestirn, um das das eigene Denken kreist. Wenn ein Schuldnerstaat da nicht mitmachen will, nimmt die Verschuldung so lange weiter zu, bis am Ende dann gar nichts mehr geht. Es ist die Bevölkerung, insbesondere die ärmere, die die hoch dramatischen und tragischen Konsequenzen ausbaden muss. Ein Land wie Kenia beispielsweise muss gegenwärtig etwa 60% des Haushaltes dazu aufbringen, um die Schuldenlast bedienen zu können. Nach dem Vorschlag des damaligen Papstes Johannes Paul II. vom 1.1.2000 stünde dieses Geld für Investitionen für Schulen, Krankenhäuser und Infrastruktur zur Verfügung!

Es gibt also gute Gründe dafür, ein rechtlich geordnetes Verfahren zu schaffen. Doch wie soll ein solches Verfahren aussehen? Darum dreht sich seit gut 20 Jahren eine Debatte – zumindest in den Insider-Zirkeln. Zunächst einmal ist klar, dass man dafür nicht einfach ein schon bestehendes Gesetz wie die deutsche, die englische, die US-amerikanische oder auch namibische Insolvenzordnung hernehmen kann. Mit Liquidation, also Verkauf von Vermögenswerten (die Goldreserven, die griechischen Inseln, die Bodenschätze, etc.) durch einen von irgendeiner Stelle eingesetzten Insolvenzverwalter, braucht man gar nicht erst anzufangen. Da steht nun wirklich und in der Tat die Souveränität des Schuldnerstaates davor. Gleiches gilt übrigens auch, soweit es um die Einleitung eines derartigen Verfahrens geht. Dieser Schritt muss einzig und allein dem Schuldnerstaat vorbehalten sein; einen Gläubigerantrag kann es nicht geben.

Wegen dieser (und noch vieler weiterer) Abweichungen vom Unternehmensinsolvenzrecht gibt es denn auch ein paar Vorschläge, wonach das Insolvenzrecht in diesem Kontext komplett ausgeblendet werden müsse. Stattdessen solle man darauf vertrauen, dass die Praxis im Laufe der Zeit festere Konturen herausarbeiten werde, die sich dann zu einem Verfahren entwickeln könnten. Nett gedacht, aber … Nicht nur, dass die Praxis allein der letzten 500 Jahre noch nicht einmal ansatzweise Konturen hervorgebracht hat; es schwingt auch in dieser Idee eine bemerkenswerte Unkenntnis der Möglichkeiten des Insolvenzrechts mit. Denn es gibt eben gerade nicht mehr nur die Liquidation. Es gibt auch seine Rettung – und zwar mit Hilfe des Planverfahrens. Und nichts und niemand hindert einen daran, diesen – und nur diesen – Aspekt als allein maßgeblichen Verfahrensstrang zu verselbständigen und vielleicht unter dem neuen Namen „Resolvenzverfahren" zu solch einem geordneten Verfahren auszubauen. Mit dem Namen ist klargestellt, dass es dabei einzig und allein darum geht, dem Staat wieder zurück zur Solvenz zu verhelfen.

Der Vorteil einer Anleihe beim bestehenden Insolvenzrecht besteht ja gerade darin, dass das Rad nicht neu erfunden werden müsste. Das Grundproblem einer jeden Pleite ist beim Staat und einem Unternehmen immer das Gleiche: Es sind nicht genügend Mittel vorhanden, sämtliche Gläubiger zu befriedigen. Technisch sagt man dazu, dass ein „common pool-Problem" besteht. In den USA hat man daraus die Folgerung gezogen, dass ein eigener

Regelungskomplex geschaffen worden ist, der ein Verfahren für die Pleiten ganzer Gemeinden vorsieht. Vor nicht allzu langer Zeit hat solch ein Chapter 9-Verfahren einer Stadt wie Detroit aus der Patsche geholfen. Dieser Verfahrenstyp hat große Ähnlichkeiten mit dem Planverfahren, also dem Chapter 11-Verfahren; nur, dass eben die speziellen Besonderheiten einer Gemeinde mit ihren öffentlichen Aufgaben und Pflichten mit ins Kalkül genommen sind.

Es kommt also nicht von ungefähr, dass der zuvor erwähnte Vorschlag des IWF, also der Sovereign Debt Restructuring Mechanism, letzten Endes und im Grunde genommen eine weitere Variante eines Planverfahrens dargestellt hatte. Mit dem Namen sollte jeder Anklang an „Insolvenz", „Bankruptcy", etc. vermieden werden, um nur ja nicht eine mit diesen Wörtern verbundene reflexartige Abwehrhaltung auszulösen. Demgegenüber ist „Resolvenzverfahren" natürlich nur eine zweitbeste Lösung, sie macht aber mit dem „Re" klar, dass es für den Schuldner allein darum geht, wieder aus dem Tunnel raus zur Schuldentragfähigkeit zu kommen.

Wie auch immer die Namensgebung ausfallen mag, dem IWF war mit seinem Vorschlag kein Erfolg beschieden. Die Abwehrhaltung kam aus den unterschiedlichsten Ecken, am heftigsten von der Finanzindustrie. Die setzte sich mit Erfolg dafür ein, dass nicht etwa ein eigenes Verfahren geschaffen werden solle, sondern dass man sich mit Vertragsklauseln behelfen solle. Diese Klauseln heißen „Collective Action Clauses" (CACs) bzw. „Umschuldungsklauseln". Die sehen für den jeweiligen Vertrag, in dem sie aufgenommen sind, vor, dass im Falle eines (natürlich näher definierten) Zahlungsverzuges bzw. -ausfalls eine qualifizierte Mehrheit von Gläubigern den Vertrag ändern können. Da kann dann also die Schuldensumme oder der Zinssatz reduziert, oder es kann die Laufzeit des Darlehens verlängert werden, und alle Gläubiger, also auch die überstimmten, sind daran gebunden.

Die Details dieser Klauseln sind natürlich hoch komplex, und sie werden immer noch verfeinert. Sie stellen heute so etwas wie state of the art dar. Die Eurozone etwa hat sich verpflichtet, dass alle Anleihen ihrer Mitglieder solche Klauseln enthalten müssten. Der Nachteil solcher Vertragsklauseln ist allerdings, dass sie nur für die jeweiligen Verträge gelten; das allerdings versucht man zunehmend zu überwinden. Zum anderen geben sie nicht wirklich verlässliche und umfassende Verhaltensanweisungen für die Schuldnerseite, weil sie primär einmal von der Gläubigerseite gestellt werden. Das ist unter dem Aspekt der Rechtsstaatlichkeit dann doch nicht so ganz das Gelbe vom Ei. Der Schuldnerstaat muss eben mit allen Mitteln versuchen, die Gläubiger von der Notwendigkeit zu überzeugen, dass es ohne eine Änderung der Schuldensituation nur noch schlimmer kommen wird.

Diese Überzeugungsarbeit ist natürlich nicht ganz einfach. Manchmal ist sie sogar von vornherein unmöglich. Bei dem nämlich, was man boshaft „Geierfonds" nennt – vornehmer: hold-outs. Das sind sehr, sehr vermögende Gesellschaften, die sich durch Einkauf von drastisch verbilligten Forderungen (zu den NPLs s. oben S. 54) auf dem Sekundärmarkt zum Gläubiger eines Staates machen, sobald sie von dessen Zahlungsschwierigkeiten erfahren. In einem sehr berühmten Fall der jüngeren Zeit ging es darum, dass der neue Gläubiger namens NML Capital, Ltd., Forderungen gegen Argentinien in dreistelliger Millionenhöhe für teilweise 10% des jeweiligen Nominalwertes eingekauft und dann vor Gericht in New York die gesamte Nominalsumme plus Zinsen eingeklagt hatte. Im Ergebnis mit Erfolg. Ein solcher Gläubiger will natürlich gar nicht überzeugt werden; der will nur den Profit. Und der war etwa für NML Capital gigantisch.

Man sieht, dass die Probleme komplex sind. Die CACs lösen ein Teil der Probleme, aber eben nicht alle. So ist gerade in den vergangenen gut 10 Jahren das Pendel wieder mehr und mehr umgeschwungen, und Staaten wenden sich vermehrt vom Kapitalmarkt ab und bilateralen Darlehensgebern zu. Deren mit Abstand wichtigster ist, wie schon zuvor gesagt, zwischenzeitlich China, das nicht im Pariser Club vertreten ist. Also sucht man nach Möglichkeiten, wie man unter diesen Umständen in halbwegs geordneter Weise eine Schuldenregulierung hinbekommen kann.

Die für Entwicklungsarbeit zuständige UN-Behörde UNCTAD (United Nations Conference on Trade and Development) hat vor einigen Jahren schon ganz weit im Vorfeld angesetzt und hat einen Leitfaden für verantwortliches bilaterales Leihen und Verleihen herausgegeben. Daran anknüpfend hat erst vor kurzem (2022) das oberste Gericht von Mosambik entschieden, dass ein Darlehen unwirksam ist, weil im konkreten Fall sowohl Finanzminister und Staatschef das in der Verfassung vorgesehene Verfahren für die Aufnahme von Krediten ignoriert hatten. Es steht zu vermuten, dass dieses Urteil weitreichende Konsequenzen haben wird. Denn solch ein Ausblenden der verfassungsrechtlichen Schutz- und Erschwerungsvorgaben ist offenbar weit verbreitet.

Die UNO-Vollversammlung selbst hat auf Betreiben von Argentinien eine Art von Empfehlungen angenommen, wie Verhandlungen zwischen Staat und Gläubiger geführt werden sollten. Da ging es recht deutlich erkennbar darum, das Verhalten von Geierfonds wie eben NML Capital zu geißeln und zu unterbinden. Dem Anschein nach erfolgreicher ist ein weiteres Instrument, das ebenfalls nicht verbindliches Recht ist als vielmehr ebenfalls eine eher weiche Empfehlung, also soft law. Unter dem Namen Common Framework for Debt Treatments haben die G 20-Staaten zusammen mit dem Pariser Club Leitlinien abgefasst, wie sich Geberstaaten und Schuldnerstaaten bei Verhandlungen über eine Schuldenregulierung verhalten sollten. Das kling verheißungsvoll, weil China als Mitglied der G 20 mit an Bord ist. Aber … nach den Leitlinien gehört es zu den Pflichten eines Schuldnerstaates, sich intensiv darum zu bemühen, dass auch ihre privaten Gläubiger ihren Teil zur Entschuldungsregulierung beitragen. Da schimmert ein wenig das insolvenzrechtliche Prinzip der Gleichbehandlung der Gläubiger, die *par condicio creditorum*, durch. Und genau deswegen ist diese neue Initiative bislang ein Flop. Drei Staaten haben sich binnen zwei Jahren für dieses Programm beworben: Tschad,

Äthiopien und Sambia. Und alle drei kamen bzw. kommen nicht voran, weil die privaten Gläubiger mauern und zu keinen Konzessionen bereit sind. Solidarität ist in dieser Arena offenbar eine bemerkenswert unterentwickelte Tugend. Ende 2022 hat es der Tschad schließlich doch als erster Kandidat geschafft, die Ziellinie zu überqueren – nach zwei langen und mit zähen Verhandlungen vollgepfropften Jahren.

Summa summarum – man hat den geeignet erscheinenden Lösungsweg immer noch nicht gefunden – schon gar nicht den goldenen. Und das, obgleich die hier vorgestellten Initiativen nur einen kleinen Ausschnitt aus dem Gesamtarsenal an Hilfestellungen und Ideen abbilden. Wer weiß … vielleicht schlägt ja doch noch einmal die Stunde derjenigen Vorschläge, die ein umfassenderes Verfahren vorsehen und in behutsamer Anlehnung an das Planverfahren ausgestaltet sind. In Fachkreisen wie in Ministerien sind sie durchaus bekannt. Statt einer Kumulation aus Pariser Club, Londoner Club, Umschuldungsvereinbarungen und unverbindlichen Leitlinien gäbe es dann ein umfassendes Verfahren, in dem die Schuldenregulierung unter Aufsicht einer neutralen Institution und nach einem vorgegebenen Ablaufplan verhandelt werden könnte. Immerhin hat mal ein hochrangiger deutscher Politiker im Zweiergespräch gesagt, dass eine Situation wie die gegenwärtige „den Politikern aus der Hand genommen werden" sollte. Das war im Sommer 2011, als die Griechenlandkrise Europa in Atem gehalten hatte. Drei Wochen später freilich hat eben derselbe Politiker vor laufender Kamera Töne von sich gegeben, die ganz Europa auf die Palme gebracht hat!

Wie geht's weiter?

Pleiten heute und morgen

Die Fakten

In der Gegenwart zur Zeit der Niederschrift dieses Buches angekommen, wird es mit einem Mal anonym. Kein Name, schon gar nicht ein spektakulärer, wird genannt. Der Grund ist überraschend nach all dem, was voranstehend gesagt wurde über die Aufgabe des Insolvenzrechts zur Marktbereinigung und seine Fähigkeit, eben diese Bereinigung nicht mehr allein nur durch Zerschlagung der Vermögenswerte herbeizuführen, sondern auch durch die Optimierung der Marktfähigkeit. Auf dieser Grundlage müsste das 21. Jahrhundert mit seinem zur Dauererscheinung gewordenen Krisenmodus an sich so etwas wie die prime time für das Insolvenzrecht darstellen.

Dieser Krisenmodus fing schon im Jahr 2002 an, als das Elbe-Hochwasser in geradezu rührender Verkennung des Kommenden als „Jahrhundertflut" bezeichnet wurde. Es folgten in wettertechnischer Hinsicht allein in Deutschland die Fluten von 2007, 2013, 2016 und 2021, die sich ihrerseits parallel zu der nicht minder desaströsen Zunahme von Dürrezeiten ereigneten. Es gesellten sich dazu die Dotcom-Krise von 2000, die Finanzkrise von 2008, die Pandemie von 2020 und ab 2022 Russlands Krieg gegen die Ukraine, der seinerseits zum Auslöser einer Energiekrise wurde. Im scharfen Kontrast zu den vorangegangenen 50 Jahren war in diesen gut 20 Jahren der krisenfreie Zustand schon fast die Ausnahme und der Krisenzustand die Regel. Kurzum, der Papierform nach hätte das also die Stunde des Insolvenzrechts sein müssen.

Und doch – es gab in keiner dieser Phasen die von Insidern jeweils prognostizierte Insolvenzwelle. Im Gegenteil, die Insolvenzstatistik dieser Krisenjahre ist nahezu kontinuierlich rückläufig. Das hängt nicht ausschließlich, aber vornehmlich damit zusammen, dass der Gesetzgeber nahezu reflexartig in jeder dieser Katastrophenszenarien in geradezu atemberaubender Schnelligkeit das Insolvenzrecht partiell und temporär abgewandelt hat, und dass die Regierung wiederholt mit teilweise massiven Finanzhilfen eingesprungen ist und damit viele gefährdete Unternehmen vor dem Gang zum Insolvenzgericht bewahrt hat. Betrachtet man diese fast schon automatische Unterstützungsattitüde und setzt sie ins Verhältnis zu den gesetzgeberischen Bemühungen, Instrumente der Insolvenzvermeidung einzuführen, drängt sich fast schon der Eindruck auf, dass die Aufwertung des Insolvenzrechts zu einer zentralen Materie des Wirtschaftsrechts und der Finanzstabilität der gesamten Nationalökonomie um die Jahrtausendwende nichts weiter als ein kurzes Strohfeuer gewesen ist.

Es ist nicht nur die in den letzten zwei Jahrzehnten stark in den Vordergrund gerückte Beschäftigung mit der sogenannten Corporate Governance, die zu diesen Bemühungen gehört, indem sie ex ante das unternehmerische Verhalten zu steuern versucht. Jede größere Krise führt dazu, dass die entsprechenden Codices ergänzt werden. Ergänzt um die Erfahrungen, die man gerade gemacht hat, und die man nicht noch einmal wiederholt haben möchte. Ein Corporate Governance Codex ist damit fast lesbar so wie die Jahresringe eines Baumes: Dendrologen können an ihnen erkennen, wann es Dürreperioden gegeben hat und wann Überschwemmungen; Wirtschaftsrechtler lesen aus den Vorgaben der Codices heraus, welche Krisensituation der Anlass zu den jeweiligen Regeln gewesen sind.

Nicht minder weit vorgelagert agiert die neuerdings gesetzlich vorgeschriebene Einrichtung von Frühwarnsystemen in allen Unternehmen. Zumindest in der Theorie sollen sie wie eine Ampel wirken, die dem Unternehmer so früh wie möglich Warnsignale aussenden, wenn es in die falsche Richtung gehen sollte. Und dann gibt es noch das im Zusammenhang mit dem Eterna-Fall eingeführte Restrukturierungsverfahren, das zwar einen drohenden Insolvenzgrund zur Voraussetzung hat, idealiter aber schon zwei Jahre vor Insolvenzreife genutzt werden sollte, bevor es zu einem tatsächlich eintretenden Insolvenzgrund kommt.

Hintergrund

Impliziert die zuletzt aufgelistete Phalanx an Insolvenzvermeidungsmechanismen, dass das Ende des Insolvenzrechts nahe ist? Verschafft sich der uralte Makel der Insolvenz also doch wieder Raum, diesmal sogar gründlicher als je zuvor, indem er das Insolvenzrecht noch weiter an den Rand drängt? Das ist ein nicht ganz von der Hand zu weisender Argwohn. Während in anderen europäischen wie außereuropäischen Ländern die Insolvenzwellen tatsächlich eingetreten sind bzw. eintreten, pumpt man hierzulande massenweise Geld in die Wirtschaft, um solche Wellen zu vermeiden. Wenn ein allseits bekanntes Großunternehmen wie Galeria Kaufhof zum zweiten Mal binnen recht kurzer Zeit öffentliche Hilfe einfordert, ist das kein gutes Zeichen. Wir haben darüber oben im Kontext der Holzmann-Pleite gesprochen. Politisch motiviertes Helfertum mag Sympathien und Stimmengewinne auslösen, ist aber ökonomisch selten wirklich sinnvoll.

Wenn eine Geschäftsidee nicht mehr en vogue ist, mag das nostalgische Wehmut auslösen, aber ein Schlussstrich ist da regelmäßig vernünftiger als einen weiteren Zombie künstlich am Leben zu erhalten. Hier übrigens zeigt sich das Risiko der neuen Option des Insolvenzrechts, Unternehmen nicht mehr nur allein liquidieren zu müssen, sondern auch sie retten zu können. Worauf stützt man die Prognose – und wie erstellt man sie, ob dieses konkrete Unternehmen ein nachhaltiges Konzept verfolgt? Letzten Endes geht es dabei immer um eine Prognose – und die ist – das sei ein letztes Mal erwähnt –, weil auf die Zukunft bezogen, nicht immer wirklich präzise.

In Anbetracht des geschilderten Krisenpanoptikums der letzten Jahrzehnte kann (oder sollte) man sich sogar die Frage stellen, ob in solchen Zeiten das herkömmliche Insolvenzrecht krisentauglicher gemacht werden sollte. Denn auch das Insolvenzrecht baut auf einem Grundverständnis auf, dessen Existenz es nicht garantieren kann. Indem es beispielsweise als die klassische Option die Liquidation des schuldnerischen Unternehmens anbietet, unterstellt es, dass es einen Markt gibt, auf dem dieses Unternehmen oder doch Teile davon verkauft werden kann. Liquidation ist am Ende des Tages ja nichts anderes als ein Verkauf. Was aber, wenn es diesen Markt gar nicht gibt? Oder … indem im Rahmen eines Insolvenzverfahrens Arbeitsplätze verloren gehen, kann man das hinnehmen, solange es genügend alternative offene Stellen gibt oder die Sozialversicherung oder sonstige soziale Netze das auffangen. Was, wenn das nicht mehr der Fall ist? Hier könnte man sich Gedanken über Flexibilisierungen des geschriebenen Rechts machen – abschaffen sollte man es aber gewisslich nicht.

Die Gefährdungen

Die soeben beschriebene Einstellung weiter Teile der Öffentlichkeit ist, für sich genommen, bereits eine Gefährdung des Insolvenzrechts – zumindest in Deutschland. Weil es hierzulande aber immer und immer wieder zu beobachten ist, dass mit einer gewissen Inbrunst US-amerikanische Vorbilder übernommen werden, sollen kurz noch zwei mahnende Beispielsfälle vorgestellt werden. Da wäre es gut, wenn es nicht zur Nachahmung käme.

Fall 1 betrifft das berühmte Unternehmen **Johnson & Johnson**. Die haben nicht nur Impfstoffe und jede Menge weiterer Pharmazeutika hergestellt, sondern auch Babypuder. Das jedoch enthält krebserregende Stoffe, wurde aber über lange, lange Jahre immer weiter verkauft. Verbraucher klagten dagegen und forderten Schadensersatz. Schadensersatz einzuklagen ist in den USA eine komplett andere Geschichte als hier in Deutschland. Dort geht es gerne ums Ganze, weil die Klagen in Gestalt einer class action allesamt gebündelt werden können und der eventuell zugesprochene Schadensersatz Dimensionen erreichen kann, die hierzulande nicht einmal mit dem Fernrohr erkannt werden können.

Ein wenig vereinfachend dargestellt, nahm das Unternehmen dagegen Folgendes vor: Es spaltete nach dem Recht von Texas einen Teil seines Unternehmens ab – biologisch gesprochen also eine Art von Zellteilung. Der neu geschaffene Teil war ein neues Unternehmen, das neben seinem ansonsten sehr bescheidenen Vermögen sämtliche Schadensersatzforderungen aus dem Streit um das Babypuder im Portfolio hatte. Und dieses Unternehmen meldete Insolvenz an, die momentan gerade abgewickelt wird. Der andere Teil des auf diese Weise gesundeten Unternehmens Johnson & Johnson stellte seinem ausgeschiedenen Ableger einen Fonds von mehreren Milliarden Dollar zur Verfügung, um damit die geschädigten Gläubiger zu befriedigen.

Im Fall 2 geht es ebenfalls um eine Haftungsbeschränkung. Akteur ist die **Firma Purdue Pharma LP**, hinter der die Familie Sackler steht. Mit einem Schmerzlinderungsmittel OxyContin haben Unternehmen wie Familie einen Riesengewinn gemacht. Vergrößert wurde der noch dadurch, dass das Mittel über viele, viele Jahre hinweg als allgemeintauglich angepriesen wurde. Der ursprünglich für krebserkrankte Patienten vorgesehene Anwendungsbereich wurde mit großem Marketingaufwand viel weiter ausgedehnt. Die Folge dessen ist, dass weite Teile der USA vollgestopft sind mit Abhängigen. Denn indem OxyContin Opium enthält, macht es süchtig und hat dadurch Drogensüchtige en masse herangezüchtet. Auch hier kam es wieder zu einer Riesenwelle von Schadensersatzprozessen, vor der sich das Unternehmen Purdue Pharma in die Insolvenz geflüchtet hat.

Die Besonderheit dieses Falles ist, dass das Chapter 11-Verfahren von der Eigentümerfamilie Sackler dazu genutzt wird, sich von der Verantwortlichkeit freizukaufen. Denn auch wenn niemand von der Familie selbst in der Insolvenz steckt, können sie für das Planverfahren einen Topf zur Entschädigung der Betroffenen zur Verfügung stellen. Die Familie hat das unter dem Vorbehalt getan, dass mit diesem Geld ein für alle Male sämtliche gegenwärtigen wie künftigen sowie sämtliche bekannten wie (noch) unbekannten Forderungen befriedigt sein sollen. Ursprünglich hatten die Sacklers 3 Milliarden Dollar für diesen Topf angeboten. Das ist jedoch auf Druck von mehreren Seiten zwischenzeitlich auf 6.6 Milliarden Dollar erhöht worden.

Beide Fallkonstellationen lösen ein massives Unbehagen in Richtung Missbrauch eines Insolvenzverfahrens aus, und die Diskussion in den USA geht bereits hin und her. Wenn man sich einmal intensiver mit den Fällen auseinandersetzt, ist es nämlich gar nicht mehr so einfach, stichhaltige Gegenargumente zu finden. So werden beispielsweise auch hierzulande Insolvenzverfahren für Verbraucher angeboten, damit sie nach drei Jahren eine Befreiung von ihren Schulden erzielen können. Und auch das Planverfahren oder gar das Insolvenzvermeidungsverfahren dienen dazu, die Schuldenlast zu verringern.

Und doch zeichnen die beschriebenen Fälle aus den USA eine Selbstsüchtigkeit aus, die das Insolvenzrecht insgesamt zu diskreditieren in der Lage ist. Dieses Recht wurde nicht geschaffen, um einer Person einen einseitigen Vorteil zu verschaffen, sondern um einen Ausgleich aller betroffenen Interessen zu schaffen. Dazu gehören der Schuldner, die Gläubiger, die Arbeitnehmer und gegebenenfalls noch viele weitere Personen und Institutionen. Für die reine Egozentrik ist dieses Rechtsgebiet gerade nicht konzipiert worden.

Insolvenzrecht als Mittel der Transformation

Kommen wir am Schluss des Buches auf den Untertitel dieses Buches zurück. Was also sind die Wege des Insolvenzrechts? Das ist naturgemäß eine komplexe Frage, deren Antwort man in beliebige Längen hinausziehen kann. Eine Kurzform ist es jedoch, dieses Rechtsgebiet als einen in freier Marktwirtschaft unerlässlichen Transformator zu beschreiben. Der Gemeinplatz, dass in jeder Krise die Chance zu was Neuem steckt, gilt auch bei Pleiten. Die US-Amerikaner haben das schon sehr früh erkannt und in ihrem Recht umgesetzt. Seit ein paar Jahren versucht die Europäische Kommission, diese Spruchweisheit auch bei den Mitgliedstaaten in Taten umzuwandeln. Wie bereits oben in der Einleitung erwähnt, wird sie dabei nicht müde, auf das Lebenswerk von Henry Ford zu verweisen. Der nämlich fuhr seine erste Firma gegen die insolvenzrechtliche Wand, bevor er gleich anschließend eine neue Firma gründete – die bis heute berühmten Automobilwerke.

Wenn der Anfang des Insolvenzrechts für viele Jahrhunderte die Liquidation – also der Verkauf – war, dann sind die verkauften Teile bei einem neuen Besitzer gelandet, der sie vermutlich nutzbringender als der alte hat einsetzen können. Es sind auch nicht alle Arbeitnehmer arbeitslos geworden, zumindest nicht auf längere Sicht. Um jedoch den für sie als brutalst Betroffenen massiven Aufprall wenigstens abzumildern, haben das Insolvenzrecht sowie weitere Rechtsgebiete zunehmend Auffangmechanismen entwickelt.

Als jedoch der Dienstleistungssektor immer dominanter in der Wirtschaft wurde, hat das Insolvenzrecht reagiert und hat die Möglichkeit geschaffen, das schuldnerische Unternehmen mit Hilfe eines Insolvenzverfahrens zu sanieren. Da erfolgt die Transformation also so, dass eine größere Nachhaltigkeit für das zuvor noch schlingernde Unternehmen geschaffen wird. Die Rettungsversuche des Insolvenzrechts reichen heute gar so weit, dass ein neues Verfahren geschaffen wurde, dessen Ziel ist, das sich am Horizont abzeichnende Insolvenzverfahren gar nicht erst einleiten zu müssen. Ein Verfahren also, das der Vermeidung eines Insolvenzverfahrens dient.

Wie wir ganz am Ende unserer Ausführungen gesehen haben, gelangt man durch diese Schutzphalanx allerdings auch gleich schon wieder in gefährliche Gewässer. Denn mit einem Male mutiert das als ein Gesamtverfahren konzipierte Insolvenzverfahren zu einem Mechanismus, mit dessen Hilfe sich ein Unternehmen einen möglicherweise gar nicht gerechtfertigten Sondervorteil verschaffen kann. Ob Verfahren vom Typus Johnson & Johnson oder Purdue Pharma Gebrauch oder Missbrauch des Insolvenzrechts darstellen, muss wohl erst noch in ausführlicher Diskussion austariert werden. Und diese Diskussion wird wenigstens eines so richtig deutlich machen: Nämlich was für einen weiten Weg das Insolvenzrecht in seiner mehrtausendjährigen Geschichte bereits zurückgelegt hat: Von der Tötung des Schuldners über seine Rettung mit Hilfe der Gläubiger bis hin zu einem vom Schuldner selbst gezielt eingesetzten Instrument, sich einen Wettbewerbsvorteil zu verschaffen.

Kurzum, der Weg hat in ein Umfeld geführt, in dem man Insolvenzen mit ganz anderen, ganz neuen Augen sehen kann. Die üblicherweise auf hoher Abstraktionsebene gerne zum Besten gegebene Erkenntnis, dass in jeder Krise eine Chance stecke, oder auch die, wonach man aus Schaden klug werde, bietet damit im deutschen Rechtsambiente an sich bessere Rahmenbedingungen als je zuvor. Man müsste dafür nur von der Abstraktionsebene runter – und in den praktizierten Alltag einsteigen. Man müsste sich nur konkret damit abfinden, dass Pleiten passieren können und dass der Versuch eines Neuanfangs allemal besser ist als ein Abtauchen in die Schattenwirtschaft. Wie es scheint, steht diesem Vertrauen in die Produktivität und Kreativität eines Neuanfangs ein uraltes Misstrauen entgegen – der Makel der Insolvenz. Einen solch tiefsitzenden Vorbehalt abzulegen, braucht offenbar Zeit. Viel Zeit.

Sachverzeichnis

Personenverzeichnis

Personenverzeichnis